Franz Alt
Frieden ist möglich

SERIE PIPER
Band 284

Zu diesem Buch

»Entweder wir schaffen die Atombomben ab, oder die Atombomben schaffen uns ab.« Franz Alt – bekannter Fernsehjournalist, Christdemokrat und aktiver Katholik – war noch vor kurzem ein Vertreter der Nachrüstungspolitik. Heute weiß er: Nur radikale Umkehr gibt der Menschheit eine Chance des Überlebens. Zum drohenden Ende der Geschichte gibt es nur eine Alternative: eine Politik im Geist der Bergpredigt, d. h. die Absage an alle Formen der Gewalt, wie Jesus sie gefordert hat.

Ost und West zusammen haben heute die Möglichkeit, 1,6millionenmal Hiroshima zu fabrizieren. Auf jeden Einwohner eines Landes der NATO und des Warschauer Paktes kommen umgerechnet 60 Tonnen Sprengstoff. Aber die führenden Politiker – auf westlicher Seite in der Regel erklärte Christen – rüsten weiter ... Diese ausweglose Situation, diese Eskalation in Wahnsinn, zwingt uns, mit einer Verspätung von 2000 Jahren endlich die Botschaft der Bergpredigt ernst zu nehmen, anzunehmen und praktisch zu machen: Gewaltverzicht, Frieden schaffen, Sanftmut, Menschenfreundlichkeit. Erst wenn wir spüren, daß Frieden und Gewaltverzicht nicht irgendwann irgendeine beliebige Politik sind, sondern daß damit hier und heute jeder einzelne Mensch gemeint ist, können wir anfangen, die Bergpredigt zu begreifen. Frieden ist kein Schicksal, sondern *unser* Auftrag, so wie der Krieg *unser* Versagen ist.

Franz Alt stellt dem Leser nicht nur unsere Situation des »5 vor 12« vor Augen, er beschreibt auch einzelne Schritte, mittelfristige Ziele auf dem Weg, den die Menschen in Richtung Frieden gehen müssen, wollen sie Leben und Geschichte retten.

Franz Alt, geb. 1938 in Untergrombach bei Bruchsal. Studium der Geschichte, Politischen Wissenschaft, Theologie und Philosophie in Freiburg und Heidelberg. 1967 Promotion. Seit 1968 Redakteur und Reporter beim Südwestfunk in Baden-Baden. Seit 1972 Leiter und Moderator des politischen Fernsehmagazins »Report«.

Franz Alt

Frieden ist möglich

Die Politik der Bergpredigt

R. Piper & Co. Verlag
München Zürich

Von Franz Alt liegt in der Serie Piper außerdem vor:
Liebe ist möglich (429)

ISBN-3-492-10284-0
Originalausgabe
23. Auflage, 840.–870. Tausend Juni 1986

Umschlag: Disegno, unter Verwendung des Gemäldes
»Der Mönch am Meer« von Caspar David Friedrich
Gesamtherstellung: Clausen & Bosse, Leck
Printed in Germany

Für Christiane und Caren Maria

Die Bergpredigt:

»Selig, die Frieden stiften« (Jesus)

Die alte Politik:

»Wir wollen den Krieg nicht, aber man kann den Krieg nur durch den Krieg abschaffen. Wer das Gewehr nicht will, der muß zum Gewehr greifen.« (Mao Tse-tung)

Die neue Politik:

»Wir sind heutzutage dauernd über die Entdeckungen erstaunt, die auf dem Felde der Gewalt gemacht werden. Ich halte dafür, daß noch weit traumhaftere und unmöglich erscheinende Entdeckungen gemacht werden können, auf dem Felde der Gewaltlosigkeit nämlich.« (Mahatma Gandhi)

Inhaltsverzeichnis

I. Die Bergpredigt

Die Bergpredigt ist kein Heimatroman

Ist Frieden möglich? Welche Antwort gibt die Bergpredigt? Die Bergpredigt sagt, wie Christen sein sollten, wenn sie Christen sind. Mein Interesse an der Bergpredigt ist nicht akademisch, sondern existentiell. Es gibt keine größere Macht als die einer zeitgemäßen Idee. Mir scheint unsere Zeit reif für die Idee der Bergpredigt. In Zeiten größter Gewalt muß man Ausschau halten nach der Gewaltlosigkeit.

Ich weiß, daß viele Leser meinen politischen Überlegungen folgen, aber meine religiöse Argumentation gegen Atomrüstung ablehnen. Viele brauchen die Argumente der Bergpredigt gar nicht. Sie lehnen aus rein humanistischen Bedenken Atomrüstung ab. Andere folgen zwar meiner religiösen Interpretation der Bergpredigt, meinen aber, die politischen Konsequenzen seien gefährlich. Das hat mir Helmut Kohl einmal so geschrieben.

Für mich sind jedoch in den letzten Jahren Humanismus, Religion, Politik und psychische Entwicklung nicht mehr voneinander zu trennen; sie sind nicht dasselbe, aber sie gehören untrennbar zusammen. Unsere religiöse, private und politische Existenz ist eine Einheit. Menschsein heißt individuum (=unteilbar) sein im ganz wörtlichen Sinne. Das folgenschwerste Schisma des Christentums ist nicht Luthers Kirchenspaltung, sondern die Trennung von Religion und Politik. Dieses moderne Schisma spaltet den Menschen in religiös *oder* politisch, in fromm *oder* gescheit, in christlich fühlen *oder* materialistisch handeln, in theologisch *oder* philosophisch, in spirituell *oder* technisch. Die Konsequenz dieser Spaltung heißt liturgische Sonntagskirche auf der einen Seite und religionsloser Werktag auf der andern. So ist das Christentum in den Industriestaaten zu einer saft- und kraftlosen Mittelstandsideologie verkommen. Christentum als Seelenmassage, aber ohne Umkehr der Herzen – Religion privatisiert.

Dieses Christentum hat auf ganz unchristliche Weise Angst vor Parteilichkeit und Verbindlichkeit, vor Anstößigkeit und Provokation. Wo christliche Liebe nur noch privat erlebt wird, bleibt sie auch dort nicht lange erlebbar. Man kann vielleicht eine gewisse Zeit Religion und Politik, Politik und Privatleben und Beruf voneinander trennen, aber auf Dauer kann man nicht schizophren leben. Die heute in der Politik so beliebte Trennung von Gesinnungs- und Verantwortungsethik ist eine Schizophrenie mit bösen Folgen. Diese Trennung ist eine Spaltung. Sie ermöglicht, daß sich viele Politiker in ihrem Privatleben als Christen verstehen, aber mit Jesus von Nazaret in der Politik nichts anzufangen wissen. Sie glauben sentimental an ihn, erklären ihn aber politisch zum Deppen. Er ist gut für Sonntagsreden und Weihnachtsansprachen, im politischen Alltag sei er aber leider nicht zu gebrauchen, heißt es. So kommt es, daß manche Politiker den Meister der Gewaltlosigkeit im Munde führen und *zugleich* den atomaren Holocaust vorbereiten. Jesu Gewaltlosigkeit ist aber wie Gandhis »Ahinsa« nichts Passives, sondern etwas Aktives.
Ich habe vor allem über die Bücher C. G. Jungs einen neuen Zugang zu Jesus von Nazaret und zu seinen zentralen Aussagen in der Bergpredigt gefunden. Erst dadurch wurde ich zum Atom-Pazifisten. Mein Widerstand gegen das immer komplizierter und gefährlicher werdende »Gleichgewicht des Schrekkens« kommt von innen – nach langer Meditation über die Bergpredigt und unsere heutige Situation. Meine Quelle ist Jesus von Nazaret, aber die Psychologie Jungs hat mir zu meiner Quelle neuen Zugang verschafft.
Die jetzt anstehende Nachrüstung der NATO habe ich 1981 noch für notwendig gehalten. Heute halte ich sie für lebensgefährlich. Die Gründe für meine Umkehr habe ich in diesem Buch beschrieben. Zum Lesen dieses Buches werden Sie etwa vier Stunden brauchen. Während dieser vier Stunden werden in der Welt etwa 500 Millionen Mark für Rüstung ausgegeben, zugleich jedoch 7000 Kinder verhungern. Wenn die Entwicklung wie in den letzten 20 Jahren weitergeht, werden sich die Zahlen bis zum Jahr 2000 verdoppeln. Schon heute stirbt alle zwei Sekunden ein Kind an Hunger. Eine unerträgliche Sünde,

mit der sich nicht abfinden darf, wer Mensch werden will oder wer sich gar auf Jesus beruft.

Für viele Menschen ist Jesus von Nazaret der Held einer uralten Geschichte. Wer sich aber einmal wirklich ganzheitlich auf ihn eingelassen hat, also privat, gesellschaftlich, beruflich und politisch, dem ist klargeworden, daß die entscheidende Frage seines Lebens nicht heißt: Wer war Jesus, sondern wer *ist* Jesus? Um dies zu erkennen, braucht man wohl ein Schlüsselerlebnis, ein Damaskus-Erlebnis.

1978 hatte ich im »Spiegel« zur Diskussion des Grundsatzprogramms der CDU einen Essay geschrieben mit dem Titel »Die Bergpredigt ist kein Heimatroman«. Das brachte in mir einen Stein ins Rollen. Die »Bergpredigt« hatte mich erfaßt und wird mich wohl nie mehr loslassen. Ich habe heute manchmal den Eindruck, die Bergpredigt hat schon lange auf mich gewartet. Ich bin kein Theologe, aber als politischer Journalist ein theologisch interessierter Nichttheologe. Man muß nicht Theologe sein, um die Intention, den Geist der Bergpredigt zu begreifen. Und nur darauf kommt es an, nicht auf theologische Spitzfindigkeiten. Die Frage, wieviel Engel auf einer Nadelspitze Platz haben, war Jesus gleichgültig. Heute berufen sich auch Atheisten auf den Lehrer der Gewaltlosigkeit. Seine Bergpredigt halten Liberale für liberal, Revolutionäre für revolutionär und Konservative für konservativ. Ich bin ein Konservativer, der die Bergpredigt vor allem für ein menschliches Dokument hält. Jesus spricht uns nicht oberflächlich an, sondern an unseren Wurzeln, also innen und ganzheitlich. Privat und politisch – das darf man bei Jesus nicht trennen. Die Trennung des Privaten vom Politischen ist das entscheidende Verhängnis des bisherigen Christentums. Jesus hat nicht nur zu Theologen gesprochen, sondern zum Volk. *Alle* sind gemeint in *allen* Lebensbereichen. Um die Bergpredigt kommt kein Christ herum. Das entscheidend Christliche steht in der Bergpredigt. Wer nur intensiv genug darüber meditiert, braucht keinen Exegeten mehr. Man muß diesen Text so nehmen, wie er dasteht: wörtlich! Nicht plötzlich, aber allmählich wird dann vieles heller, was vorher dunkel war. Die Bergpredigt ist ein Weg zur Selbsterkenntnis und zur Weltkenntnis.

Die Welt ist heute ein atomares Pulverfaß. Für jeden Menschen liegen umgerechnet mehrere Tonnen Sprengstoff bereit. Es gibt pro Kopf mehr Sprengstoff als Nahrungsmittel. Das kann tödlich enden. Aber jede Gefahr birgt auch eine Chance in sich. Gerade wegen der globalen atomaren Bedrohung haben wir heute auch größere Chancen als frühere Generationen, die Friedensbotschaft des Bergpredigers zu begreifen.

Seine Lehre ist nicht nur in einem vordergründigen Sinne aktuell. Ich bin davon überzeugt: Es gibt heute im Angesicht des atomaren Holocaust zur Bergpredigt nur noch eine Alternative: das Ende der Geschichte. Günther Anders: »Entweder gibt es Friedenszeit, oder es gibt überhaupt keine Zeit. Friedenszeit und Zeit sind identisch geworden.«

Entweder gelingt es uns, angetrieben von der Idee der Feindesliebe, die Atombomben abzuschaffen, oder die Atombomben werden irgendwann uns abschaffen. So wie Himmler Europa »judenfrei« machen wollte, so können die Atombomben die Welt irgendwann »menschenfrei« machen. Und in diese Situation hinein sagt uns der Bergprediger heute: Frieden ist möglich. Ihr Menschen müßt ihn nur wirklich wollen. Jesus verheißt nichts Phantastisches, sondern das Mögliche.

Wenn ich heute sage, daß ich gegen Nachrüstung bin, wofür ich 1981 noch war, dann gestehe ich zugleich, daß ich ein Suchender bin. Ich schreibe dieses Buch für die Suchenden und Zweifelnden – für die Fragenden, die wissen wollen, ob alles so weitergehen kann wie bisher –, für diejenigen, die wissen wollen, wohin uns das Wettrüsten führt. Ich will nicht gegen andere recht behalten, sondern zusammen mit anderen einen besseren Weg zum Frieden suchen. Oder sollte es wirklich keine humane Alternative zum Rüstungswahn geben?

Die bisherige westliche Weisheit »Lieber tot als rot« halte ich für ebenso inhuman wie die östliche Maxime »Lieber tot als kapitalistisch«. Auch vielen Politikern dämmert es heute, daß die ewige Rüsterei keine Sicherheit mehr bietet. Helmut Kohl in seiner Regierungserklärung im Oktober 1982: «Frieden schaffen mit immer weniger Waffen – das ist die Aufgabe unserer Zeit.« Und Erich Honecker seit Sommer 1982 mehrmals: »Mehr Rüstung bedeutet nicht mehr Sicherheit.«

Die beiden deutschen Spitzenpolitiker müssen jetzt nur noch tun, was sie sagen. Jesus: Nicht an ihren Worten, »an ihren Früchten werdet ihr sie erkennen«.
Über die Bergpredigt wird wieder gestritten. Sie ist endlich dort, wo sie hingehört: in der Öffentlichkeit. Zeitungen drukken den Text ab. Und manche Christen, die zwar zu Hause eine Bibel haben, aber nicht wissen, wo die Bergpredigt zu finden ist, haben die Zeitungsseite herausgerissen, um wenigstens auf diese Weise den biblischen Text zur Verfügung zu haben.

Die Bergpredigt: Die Rede von der wahren Gerechtigkeit: Matthäus 5,1–7,29[1]

Als Jesus die vielen Menschen sah, stieg er auf einen Berg. Er setzte sich, und seine Jünger traten zu ihm. Dann begann er zu reden und lehrte sie.

Die Seligpreisungen: 5,3–12

> Er sagte:
> Selig, die arm sind vor Gott;
> denn ihnen gehört das Himmelreich.
> Selig die Trauernden;
> denn sie werden getröstet werden.
> Selig, die keine Gewalt anwenden; denn sie werden das Leben erben.
> Selig, die hungern und dürsten nach Gerechtigkeit; denn sie werden satt werden.
> Selig die Barmherzigen;
> denn sie werden Erbarmen finden.
> Selig, die ein reines Herz haben;
> denn sie werden Gott schauen.
> Selig, die Frieden stiften;
> denn sie werden Gottes Söhne genannt werden.

1 Nach der Einheitsübersetzung der Heiligen Schrift: Das Neue Testament. Katholische Bibelanstalt, Deutsche Bibelstiftung, Stuttgart 1980.

Selig, die um der Gerechtigkeit willen verfolgt werden;
denn ihnen gehört das Himmelreich.

Selig seid ihr, wenn ihr um meinetwillen beschimpft und verfolgt und auf alle mögliche Weise verleumdet werdet. Freut euch und jubelt: Euer Lohn im Himmel wird groß sein. Denn so wurden schon vor euch die Propheten verfolgt.

Vom Salz der Erde und vom Licht der Welt: 5,13–16

Ihr seid das Salz der Erde. Wenn das Salz seinen Geschmack verliert, womit kann man es wieder salzig machen? Es taugt zu nichts mehr; es wird weggeworfen und von den Leuten zertreten.

Ihr seid das Licht der Welt. Eine Stadt, die auf einem Berg liegt, kann nicht verborgen bleiben. Man zündet auch nicht ein Licht an und stülpt ein Gefäß darüber, sondern man stellt es auf den Leuchter; dann leuchtet es allen im Haus. So soll euer Licht vor den Menschen leuchten, damit sie eure guten Werke sehen und euren Vater im Himmel preisen.

Vom Gesetz und von den Propheten: 5,17–20

Denkt nicht, ich sei gekommen, um das Gesetz und die Propheten aufzuheben. Ich bin nicht gekommen, um aufzuheben, sondern um zu erfüllen. Amen, das sage ich euch: Bis Himmel und Erde vergehen, wird auch nicht der kleinste Buchstabe des Gesetzes vergehen, bevor nicht alles geschehen ist. Wer auch nur eines von den kleinsten Geboten aufhebt und die Menschen entsprechend lehrt, der wird im Himmelreich der Kleinste sein. Wer sie aber hält und halten lehrt, der wird groß sein im Himmelreich. Darum sage ich euch: Wenn eure Gerechtigkeit nicht weit größer ist als die der Schriftgelehrten und der Pharisäer, werdet ihr nicht in das Himmelreich kommen.

Vom Töten und von der Versöhnung: 5,21–26

Ihr habt gehört, daß zu den Alten gesagt worden ist: Du sollst nicht töten; wer aber jemand tötet, soll dem Gericht verfallen sein. Ich aber sage euch: Jeder, der seinem Bruder auch nur zürnt, soll dem Gericht verfallen sein; und wer zu seinem Bruder sagt: Du Dummkopf, soll dem Spruch des Hohen Rates verfallen sein; wer aber zu ihm sagt: Du (gottloser) Narr!, soll dem Feuer der Hölle verfallen sein.
Wenn du deine Opfergabe zum Altar bringst und dir dabei einfällt, daß dein Bruder etwas gegen dich hat, so laß deine Gabe dort vor dem Altar liegen; geh und versöhne dich zuerst mit deinem Bruder, dann komm und opfere deine Gabe.
Schließ ohne Zögern Frieden mit deinem Gegner, solange du mit ihm noch auf dem Weg zum Gericht bist. Sonst wird dich dein Gegner vor den Richter bringen, und der Richter wird dich dem Gerichtsdiener übergeben, und du wirst ins Gefängnis geworfen. Amen, das sage ich dir: Du kommst von dort nicht heraus, bis du den letzten Pfennig bezahlt hast.

Vom Ehebruch: 5,27–30

Ihr habt gehört, daß gesagt worden ist: Du sollst nicht die Ehe brechen. Ich aber sage euch: Wer eine Frau auch nur lüstern ansieht, hat in seinem Herzen schon Ehebruch mit ihr begangen. Wenn dich dein rechtes Auge zum Bösen verführt, dann reiß es aus und wirf es weg! Denn es ist besser für dich, daß eines deiner Glieder verlorengeht, als daß dein ganzer Leib in die Hölle geworfen wird. Und wenn dich deine rechte Hand zum Bösen verführt, dann hau sie ab und wirf sie weg! Denn es ist besser für dich, daß eines deiner Glieder verlorengeht, als daß dein ganzer Leib in die Hölle kommt.

Von der Ehescheidung: 5,31–32

Ferner ist gesagt worden: Wer seine Frau aus der Ehe entläßt, muß ihr eine Scheidungsurkunde geben. Ich aber sage euch: Wer seine Frau entläßt, obwohl kein Fall von Unzucht vorliegt, liefert sie dem Ehebruch aus; und wer eine Frau heiratet, die aus der Ehe entlassen worden ist, begeht Ehebruch.

Vom Schwören: 5,33–37

Ihr habt gehört, daß zu den Alten gesagt worden ist: Du sollst keinen Meineid schwören, und: Du sollst halten, was du dem Herrn geschworen hast. Ich aber sage euch: Schwört überhaupt nicht, weder beim Himmel, denn er ist Gottes Thron, noch bei der Erde, denn sie ist der Schemel für seine Füße, noch bei Jerusalem, denn es ist die Stadt des großen Königs. Auch bei deinem Haupt sollst du nicht schwören; denn du kannst kein einziges Haar weiß oder schwarz machen. Euer Ja sei ein Ja, euer Nein ein Nein; alles andere stammt vom Bösen.

Von der Vergeltung: 5,38–42

Ihr habt gehört, daß gesagt worden ist: Auge für Auge und Zahn für Zahn. Ich aber sage euch: Leistet dem, der euch etwas Böses antut, keinen Widerstand, sondern wenn dich einer auf die rechte Wange schlägt, dann halt ihm auch die andere hin. Und wenn dich einer vor Gericht bringen will, um dir das Hemd wegzunehmen, dann laß ihm auch den Mantel. Und wenn dich einer zwingen will, eine Meile mit ihm zu gehen, dann geh zwei mit ihm. Wer dich bittet, dem gib, und wer von dir borgen will, den weise nicht ab.

Von der Liebe zu den Feinden: 5,43–48

Ihr habt gehört, daß gesagt worden ist: Du sollst deinen Nächsten lieben und deinen Feind hassen. Ich aber sage euch: Liebet eure Feinde und betet für die, die euch verfolgen, damit ihr Söhne eures Vaters im Himmel werdet; denn er läßt seine Sonne aufgehen über Bösen und Guten, und er läßt regnen über Gerechte und Ungerechte. Wenn ihr nämlich nur die liebt, die euch lieben, welchen Lohn könnt ihr dafür erwarten? Tun das nicht auch die Zöllner? Und wenn ihr nur eure Brüder grüßt, was tut ihr damit Besonderes? Tun das nicht auch die Heiden?
Ihr sollt also vollkommen sein, wie es auch euer himmlischer Vater ist.

Vom Almosen: 6,1–4

Hütet euch, eure Gerechtigkeit vor den Menschen zur Schau zu stellen; sonst habt ihr keinen Lohn von eurem Vater im Himmel zu erwarten.
Wenn du Almosen gibst, laß es also nicht vor dir herposaunen, wie es die Heuchler in den Synagogen und auf den Gassen tun, um von den Leuten gelobt zu werden. Amen, das sage ich euch: Sie haben ihren Lohn bereits erhalten. Wenn du Almosen gibst, soll deine linke Hand nicht wissen, was deine rechte tut. Dein Almosen soll verborgen bleiben, und dein Vater, der auch das Verborgene sieht, wird es dir vergelten.

Vom Beten – das Vaterunser: 6,5–15

Wenn ihr betet, macht es nicht wie die Heuchler. Sie stellen sich beim Gebet gern in die Synagogen und an die Straßenecken, damit sie von den Leuten gesehen werden. Amen, das sage ich euch: Sie haben ihren Lohn bereits erhalten. Du aber geh in deine Kammer, wenn du betest, und schließ die Tür zu; dann bete zu deinem Vater, der im Verborgenen ist. Dein Vater, der auch das Verborgene sieht, wird es dir vergelten.

Wenn ihr betet, sollt ihr nicht plappern wie die Heiden, die meinen, sie werden nur erhört, wenn sie viele Worte machen. Macht es nicht wie sie; denn euer Vater weiß, was ihr braucht, noch ehe ihr ihn bittet. So sollt ihr beten:

Unser Vater im Himmel,
dein Name werde geheiligt,
dein Reich komme,
dein Wille geschehe
wie im Himmel, so auf der Erde.
Gib uns heute das Brot, das wir brauchen.
Und erlaß uns unsere Schulden,
wie auch wir sie unseren Schuldnern erlassen haben.
Und führe uns nicht in Versuchung,
sondern rette uns vor dem Bösen.

Denn wenn ihr den Menschen ihre Verfehlungen vergebt, dann wird euer himmlischer Vater auch euch vergeben. Wenn ihr aber den Menschen nicht vergebt, dann wird euch euer Vater eure Verfehlungen auch nicht vergeben.

Vom Fasten: 6,16–18

Wenn ihr fastet, macht kein finsteres Gesicht wie die Heuchler. Sie geben sich ein trübseliges Aussehen, damit die Leute merken, daß sie fasten. Amen, das sage ich euch: Sie haben ihren Lohn bereits erhalten. Du aber salbe dein Haar, wenn du fastest, und wasche dein Gesicht, damit die Leute nicht merken, daß du fastest, sondern nur dein Vater, der auch das Verborgene sieht; und dein Vater, der das Verborgene sieht, wird es dir vergelten.

Von der falschen und rechten Sorge: 6,19–34

Sammelt euch nicht Schätze hier auf der Erde, wo Motte und Wurm sie zerstören und wo Diebe einbrechen und sie stehlen, sondern sammelt euch Schätze im Himmel, wo weder Motte und Wurm sie zerstören und keine Diebe einbrechen und sie stehlen. Denn wo dein Schatz ist, da ist auch dein Herz.

Das Auge gibt dem Körper Licht. Wenn dein Auge gesund ist, dann wird dein ganzer Körper hell sein. Wenn aber dein Auge krank ist, dann wird dein ganzer Körper finster sein. Wenn nun das Licht in dir Finsternis ist, wie groß muß dann die Finsternis sein!
Niemand kann zwei Herren dienen; er wird entweder den einen hassen und den anderen lieben, oder er wird zu dem einen halten und den anderen verachten. Ihr könnt nicht beiden dienen, Gott und dem Mammon.
Deswegen sage ich euch: Sorgt euch nicht um euer Leben und darum, daß ihr etwas zu essen habt, noch um euren Leib und darum, daß ihr etwas anzuziehen habt. Ist nicht das Leben wichtiger als die Nahrung und der Leib wichtiger als die Kleidung? Seht euch die Vögel des Himmels an: Sie säen nicht, sie ernten nicht und sammeln keine Vorräte in Scheunen; euer himmlischer Vater ernährt sie. Seid ihr nicht viel mehr wert als sie? Wer von euch kann mit all seiner Sorge sein Leben auch nur um eine kleine Zeitspanne verlängern? Und was sorgt ihr euch um eure Kleidung? Lernt von den Lilien, die auf dem Feld wachsen: Sie arbeiten nicht und spinnen nicht. Doch ich sage euch: Selbst Salomo war in all seiner Pracht nicht gekleidet wie eine von ihnen. Wenn aber Gott schon das Gras so prächtig kleidet, das heute auf dem Feld steht und morgen ins Feuer geworfen wird, wieviel mehr dann euch, ihr Kleingläubigen? Macht euch also keine Sorgen und fragt nicht: Was sollen wir essen? Was sollen wir trinken? Was sollen wir anziehen? Denn um all das geht es den Heiden. Euer himmlischer Vater weiß, daß ihr das alles braucht. Euch aber muß es zuerst um sein Reich und um seine Gerechtigkeit gehen; dann wird euch alles andere dazugegeben.
Sorgt euch also nicht um morgen; denn der morgige Tag wird für sich selbst sorgen. Jeder Tag hat genug eigene Plage.

Vom Richten: 7,1–5

Richtet nicht, damit ihr nicht gerichtet werdet! Denn wie ihr richtet, so werdet ihr gerichtet werden, und nach dem Maß, mit dem ihr meßt und zuteilt, wird euch zugeteilt werden. Warum siehst du den Splitter im Auge deines Bruders, aber den Balken in deinem Auge bemerkst du nicht? Wie kannst du zu deinem Bruder sagen: Laß mich den Splitter aus deinem Auge herausziehen! – und dabei steckt in deinem Auge ein Balken? Du Heuchler! Zieh zuerst den Balken aus deinem Auge, dann kannst du versuchen, den Splitter aus dem Auge deines Bruders herauszuziehen.

Von der Entweihung des Heiligen: 7,6

Gebt das Heilige nicht den Hunden, und werft eure Perlen nicht den Schweinen vor, denn sie könnten sie mit ihren Füßen zertreten und sich umwenden und euch zerreißen.

Vom Vertrauen beim Beten: 7,7–11

Bittet, dann wird euch gegeben; sucht, dann werdet ihr finden; klopft an, dann wird euch geöffnet. Denn wer bittet, der empfängt; wer sucht, der findet; und wer anklopft, dem wird geöffnet. Oder ist einer unter euch, der seinem Sohn einen Stein gibt, wenn er um Brot bittet, oder eine Schlange, wenn er um einen Fisch bittet? Wenn nun schon ihr, die ihr böse seid, euren Kindern gebt, was gut ist, wieviel mehr wird euer Vater im Himmel denen Gutes geben, die ihn bitten.

Die Goldene Regel: 7,12

Alles, was ihr also von anderen erwartet, das tut auch ihnen! Darin besteht das Gesetz und die Propheten.

Von den zwei Wegen: 7,13–14

Geht durch das enge Tor! Denn das Tor ist weit, das ins Verderben führt, und der Weg dahin ist breit, und viele gehen auf ihm. Aber das Tor, das zum Leben führt, ist eng, und der Weg dahin ist schmal, und nur wenige finden ihn.

Von den falschen Propheten: 7,15–23

Hütet euch vor den falschen Propheten; sie kommen zu euch wie (harmlose) Schafe, in Wirklichkeit aber sind sie reißende Wölfe. An ihren Früchten werdet ihr sie erkennen. Erntet man etwa von Dornen Trauben oder von Disteln Feigen? Jeder gute Baum bringt gute Früchte hervor, ein schlechter Baum aber schlechte. Ein guter Baum kann keine schlechten Früchte hervorbringen und ein schlechter Baum keine guten. Jeder Baum, der keine guten Früchte hervorbringt, wird umgehauen und ins Feuer geworfen. An ihren Früchten also werdet ihr sie erkennen.
Nicht jeder, der zu mir sagt: Herr! Herr!, wird in das Himmelreich kommen, sondern nur, wer den Willen meines Vaters im Himmel erfüllt. Viele werden an jenem Tage zu mir sagen: Herr, Herr, sind wir nicht in deinem Namen als Propheten aufgetreten, und haben wir nicht mit deinem Namen Dämonen ausgetrieben und mit deinem Namen viele Wunder vollbracht? Dann werde ich ihnen antworten: Ich kenne euch nicht. Weg von mir, ihr Übertreter des Gesetzes!

Vom Haus auf dem Felsen: 7,24–27

Wer diese meine Worte hört und danach handelt, ist wie ein kluger Mann, der sein Haus auf Fels baute. Als nun ein Wolkenbruch kam und die Wassermassen heranfluteten, als die Stürme tobten und an dem Haus rüttelten, da stürzte es nicht ein; denn es war auf Fels gebaut. Wer aber meine Worte hört und nicht danach handelt, ist wie ein unvernünftiger Mann, der sein Haus auf Sand baute. Als nun ein Wolkenbruch kam und die Wassermassen heranfluteten, als die Stürme tobten und an dem Haus rüttelten, da stürzte es ein und wurde völlig zerstört.

Die Wirkung der Bergpredigt: 7,28–29

Als Jesus diese Rede beendet hatte, war die Menge sehr betroffen von seiner Lehre; denn er lehrte sie wie einer, der (göttliche) Vollmacht hat, und nicht wie ihre Schriftgelehrten.

Warum die Bergpredigt heute?

Seit Gutenberg wurde die Bibel milliardenfach gedruckt. Aber kein Nichttheologe wird die Bibel von vorn bis hinten mit Gewinn durchlesen. Man kann allenfalls *in* der Bibel lesen. Auch die Kirche benutzt im Lauf des Kirchenjahres die Bibel selektiv. Bibeltexte eignen sich zum Meditieren, nicht zum mechanischen Lesen. Die Bergpredigt ist nicht die Bibel, sie ist nicht einmal das Neue Testament, aber sie enthält das Wesentliche der Botschaft Jesu. Sie atmet den Geist Jesu wie keine zweite Bibelstelle. Hier findet man die zentralen Aussagen des Mannes aus Nazaret.

Die jesuanische Radikalität in ihren persönlichen, gesellschaftlichen und politischen Konsequenzen wird nirgendwo so deutlich wie in der Bergpredigt bei Matthäus und in der Feldpredigt des Lukas (Kapitel 6). Die Bergpredigt ist keine authentische Jesus-Rede, aber sie enthält authentische Jesus-Forderungen. Sie ist eine literarische Komposition von Jesus-Worten. Ihr Geist ist zweifellos jesuanisch: Gewaltverzicht, Frieden schaffen, Sanftmut, Menschenfreundlichkeit. Dem Bergprediger geht es nicht um asketische Vollkommenheit, sondern um das Ganz-Sein des Menschen.

»Ihr sollt also vollkommen sein, wie es auch euer himmlischer Vater ist.« Jeder ist angesprochen. Erst wenn wir spüren, daß Frieden und Gewaltverzicht nicht irgendwann irgendeine beliebige Politik ist, sondern daß damit hier und heute jeder ein-

zelne Mensch gemeint ist, können wir anfangen, die Bergpredigt zu begreifen. Frieden ist kein Schicksal, sondern *unser* Auftrag, so wie Krieg *unser* Versagen ist.
Wir alle tragen gelegentlich hehre ethische Forderungen wie die der Bergpredigt vor uns her, in der politischen und sozialen Realität jedoch halten wir sie gleichzeitig für unerfüllbar.
Die Geschichte der Bergpredigt hat nicht stattgefunden. Sie ist die Geschichte der Verdrängung ihrer Forderungen. Interessant und verständlich ist, daß bis heute versucht wird, die Bergpredigt zu entschärfen: Kirchenführer und Theologen entschuldigen sich noch immer für die Konsequenz des jungen Nazareners. Politiker erklären Jesus für politisch inkompetent. Die Christen Otto von Bismarck, Helmut Schmidt und Karl Carstens sagten übereinstimmend: »Mit der Bergpredigt kann man nicht regieren.« Hans Apel beklagte als Verteidigungsminister den zunehmenden Pazifismus (den Jesus gefordert hatte) und spottete: »Die Bergpredigt ist in ihrer Totalität nur für Bettelmönche praktizierbar.« Die Nazis hatten ihr Schimpfwort »Pazifist« immer mit dem Adjektiv »würdelos« geschmückt. Und der Freiburger Erzbischof Conrad Gröber schrieb 1935: Die Kirche »hat vielmehr den übertriebenen und kraftlosen Pazifismus abgelehnt, der im Kriege etwas Unerlaubtes und Widerchristliches erblickt und dem Unrecht die Herrschaft überläßt«.
Das Ergebnis dieser Politik ohne den Geist der Bergpredigt ist heute für jeden, der nicht blind sein will, erkennbar: Wir leben wirtschaftlich auf Kosten künftiger Generationen sowie auf Kosten der Menschen in der sogenannten Dritten Welt und bereiten militärisch das Ende der Schöpfung vor. Ost und West zusammen haben heute die Möglichkeit, 1,6millionenmal Hiroshima zu fabrizieren, 1,6millionenmal! »Hiroshima ist überall« (Günter Anders), und noch immer wird weitergerüstet. Auf jeden Einwohner eines Landes der NATO und des Warschauer Pakts kommen umgerechnet 60 Tonnen Sprengstoff. Die Supertodesmächte können sich gegenseitig mindestens 20mal umbringen, aber nach Ansicht der heute führenden Politiker in Ost und West reicht das längst noch nicht, denn sie rüsten weiter. Keiner ist fähig aufzuhören. Die Atombomben sind

noch keine 40 Jahre alt und werden politisch sehr ernst genommen. Die Bergpredigt ist 2000 Jahre alt, wird immer zitiert, spielt aber in der politischen Praxis überhaupt keine Rolle. Auch von denen, die sich privat auf ihn berufen, wird Jesus von Nazaret politisch als Spinner abgetan, der sich leider geirrt habe. Sein Vorschlag einer Politik der Feindesliebe gilt allenfalls als liebenswerte politische Dummheit. Exakt dies hat er vorausgesagt, er war ein Realist.

Jesus war weder Priester noch Schriftgelehrter; er war auch kein Theologe, sondern ein Laie. Was Jesus wirklich wollte, ist nicht immer leicht zu erfahren. Er hat selbst nichts geschrieben. Die vier biblischen Jesusbiographen, die Evangelisten, haben – nach den Erkenntnissen der heutigen Bibelwissenschaft – Jesus nicht persönlich gekannt. Sie hätten nicht einmal seine Sprache verstanden. Er sprach aramäisch. Die Sprache des Neuen Testamentes ist griechisch, die damalige Weltsprache. Und die Evangelisten schrieben erst ab den 60er Jahren nach Christi Geburt. Die Quellen, die sie benutzten, sind nur schwer zu rekonstruieren. Die Evangelisten übermitteln also nicht direkt Jesus, sondern lediglich ein bestimmtes Bild von ihm. Manches Jesus-Wort in den Evangelien stammt nicht nur nicht von Jesus, sondern widerspricht sogar seinem Geiste. Die kontroverse Literatur hierüber füllt Bibliotheken. Ich möchte als Nichttheologe nur einige Autoren nennen, die mir bei meiner Suche nach dem wirklichen Jesus geholfen haben: Karl Herbst, Hans Küng, Johann Baptist Metz, Eduard Schillebeeckx, Arnulf Zitelmann und – vor allem – Hanna Wolff mit ihren drei Jesus-Büchern (s. auch das Literaturverzeichnis).

Nachdem ich einige Jahre an der Ausgrabung des verschütteten und an der Freilegung des übertünchten Jesus gearbeitet habe, kam der Jesus der Bergpredigt zum Vorschein. Er ist kein Philosoph, sondern ein Prophet. Wer anfängt, über die Jesus-Worte bei Matthäus 5–7 nachzudenken, und versucht, danach zu leben, kann erfahren, daß der Gott Jesu ein Gott der Liebe und des Friedens ist.

Jesus stellt vieles auf die Füße, was vor ihm verkehrt und auf dem Kopf stand. Ihm geht es nicht um religiöse Formeln, sondern um Inhalte; nicht um förmliche Gerechtigkeit, sondern

um Liebe; nicht um Theorie, sondern um Praxis, nicht um Friedensgerede, sondern um Friedenstaten, nicht um die Lehre, sondern um das Leben.
Gilt die Bergpredigt nur für eine paradiesische Endzeit oder schon für diese Welt? Die Welt der Bergpredigt ist im Gegensatz zu dem, was in frommen Büchern dazu steht und in wortgewaltigen Predigten dazu gesagt wird, unsere Welt. Im Jenseits wird vermutlich nicht geschossen und nicht geschlagen, es wird wohl auch keine Gerichtshöfe und keine Gefängnisse geben. Die Bergpredigt handelt vom Anfang bis zum Schluß von unserer Welt. Jesu Schlüsselworte sind »jetzt« und »neu«.
Seine Lehre ist keine Vertröstungsideologie, sondern eine Seligpreisung der Friedensstifter, ein Angebot für eine bessere Welt. Wen die Bergpredigt gepackt hat, den durchdringt Jesu Provokation: »Ich bin der Weg, die Wahrheit und das Leben.« Jesus stellt auch keine unerfüllbaren Forderungen, wie so oft behauptet wird. Er ist Bruder und nicht ein grausamer Despot, der ein böses Spiel mit uns treiben will. Jesus brachte radikal Neues für diese Welt. Seine Moral ist nicht weltfremd, sondern weltverändernd. Die Harmonie mit dem Bestehenden und Alten lehnte er ab. »Neuer Wein gehört in neue Schläuche« (Matthäus 9,14). Die entscheidende Frage an Christen heißt seither: Sind sie, was sie sein *können*, sind sie, was sie sein *sollen*? Jesus fordert nicht weniger als eine Revolution unseres allgemeinen Bewußseins, privat und politisch. Kein Zweifel, daß Christen und christliche Kirchen auch an der Schwelle zum 3. nachchristlichen Jahrtausend noch immer vorchristlich leben. Die Harmonie mit Staat und Gesellschaft und privatem Lebensstil ist uns allemal wichtiger als die christliche Identität. Wir haben heute allenfalls den christlichen Bewußtseinsstand von Kleinkindern, wir haben Angst, christlich erwachsen zu werden. Nach der Aufklärung ist das Abendland wissenschaftlich zwar ein Riese geworden, aber seelisch und religiös ein Baby geblieben. Und schuld an alledem ist – nach Hanna Wolff – das noch heute gültige patriarchalische Menschenbild und ein damit zusammenhängendes krankmachendes Gottesbild.
Patriarchalisches Bewußtsein heißt: Es herrschen bis heute

»männliche« Wertordnungen wie Gewalt, Gehorsam, Leistung, Befehl und Denken. »Weibliche« Wertordnungen wie Gewaltlosigkeit, Vertrauen, Liebe, Verzeihen und Gefühl werden unterdrückt wie vor 2000 Jahren. Anders als Mohammed ist Jesus ein Mann des Gefühls. Jesu ganzheitliches, männliche *und* weibliche Wertordnungen umfassendes Menschenbild hat im Christentum 2000 Jahre lang fast nichts bewirkt. Nicht einmal Jesu Gottesbild, das Bild des liebenden Vaters, ist akzeptiert. Liebe bei Jesus heißt: Nicht siebenmal verzeihen, sondern »siebzigmal siebenmal«. Haben wir das bis heute je begriffen?

Jesu Liebesgott ist inzwischen überlagert vom alttestamentlichen Rache- und Gnadengott. Der alttestamentliche Gott ist gnädig, weil er ein Richtergott ist. Der Gott des Neuen Testaments, der Gott der Bergpredigt, liebt, weil er ein Vater ist. Der Gott des Alten Testaments liebt nicht nur, er rächt und richtet auch. Jesus aber: »Richtet nicht ... Zieh zuerst den Balken aus deinem Auge.« Doch bis heute gilt eher eine vorchristliche Primitivethik. Privat suchen wir ständig Sündenböcke, die Politik wird von Feindbildern beherrscht. Politiker, die von Frieden reden, bereiten die Vernichtung der Menschheit vor.

Das atomare »Gleichgewicht des Schreckens« hat keine ethische Basis in der Bergpredigt. Der Bergprediger war eine Provokation für seine Zeit. Er ist es heute noch. Begriffen haben wir nicht viel von ihm. Seine Dialektik heißt: »Ihr habt gehört, daß zu den Alten gesagt worden ist ..., ich aber sage euch.« Mich wundert nicht mehr, daß dieser Provokateur am Kreuz landete, mich wundert, daß die damals Herrschenden ihn drei Jahre lang gewähren ließen.

»Ihr seid das Salz der Erde ... Ihr seid das Licht der Welt.« Jesus will die Phantasie anregen, eine bessere Welt denken zu können. Er will keine Revolution um der Revolution und keine Reform um der Reform willen. Er negiert auch nicht grundsätzlich die religiösen und juristischen Traditionen seines Volkes, aber er fragt nach deren Sinn. Jesus stellt immer die Sinnfrage. Religion, Tradition und Politik müssen für die Menschen dasein und nicht umgekehrt. Der Mensch ist wichtiger als der Tempel. Jesus will den menschlichen, den freiwilligen, den evolutionären Fortschritt, der die Tradition nicht außer acht läßt, aber sie in Frage stellt. Jesus betete und ging in den Tempel. Er hatte Geduld mit Menschen. Seine Geduld wurzelte im Wissen, daß Gott seine Sonne scheinen läßt über Gute und Böse.

Gilt die Bergpredigt nur für Auserwählte? Jesus spricht alle an, die sich ansprechen lassen wollen. Die Bergpredigt ist nicht nur an seine »Jünger«, sondern auch an »die vielen Menschen« gerichtet. »Wenn nun schon ihr, die ihr böse seid, euren Kindern gebt, was gut ist, wieviel mehr wird euer Vater im Himmel denen geben, die ihn bitten.« Es ist tröstlich zu wissen, daß die Bergpredigt denen gilt, die »böse« sind.

Die Bergpredigt enthält private und politische Vorschläge für ein Leben aus dem Geist der Liebe. Und am Ende der Bergpredigt »war die Menge sehr betroffen von seiner Lehre«. Das Beten im stillen Kämmerlein und die Ehemoral sind ebenso gemeint wie Feindesliebe und Friedensethik.

Als politischer Journalist untersuche ich in diesem Buch die Konsequenzen aus der Bergpredigt für die heutige friedenspolitische Diskussion. Eine wesentliche Erkenntnis aus der Bergpredigt ist: Nur Menschen, die selbst friedlich sind, können auch politischen Frieden bewirken. Die »falschen Propheten« erkennt man an dem, was sie tun. »An ihren Früchten werdet ihr sie erkennen.« Das heißt: Politiker, die nur von Frieden reden, aber ständig Kriegsvorbereitungen treffen, werden niemals Frieden schaffen können. »Jeder gute Baum bringt gute Früchte hervor, ein schlechter Baum aber schlechte.« Frieden fängt innen an, die Wurzeln sind entscheidend. Der Frieden des Ganzen hängt von der Anstrengung des einzelnen ab. Das gilt für alle Lebensbereiche.

Ist die Bergpredigt auch politisch?

Martin Luther unterscheidet zwischen persönlicher und politischer Moral, zwischen »Christperson« und »Weltperson«: »Ein Fürst kann wohl ein Christ sein, aber als ein Christ muß er nicht regieren, und nach dem er regiert, heißt er nicht ein

Christ, sondern ein Fürst. Die Person ist wohl ein Christ; aber das Amt oder Fürstentum geht sein Christentum nichts an.«
Das ist die doppelte Moral, auf die sich die meisten Christen in der Politik auch heute berufen: Theoretisch muß man natürlich die Bergpredigt als Text des Neuen Testaments akzeptieren. Auf der Suche nach Ausreden und zur Beruhigung des schlechten Gewissens gilt aber in der Praxis: »Mit der Bergpredigt kann man nicht regieren.« Und wenn diese doppelte Moral auch noch intelligent und modern klingen soll, wird auf Max Weber verwiesen. Mit seiner Trennung zwischen Gesinnungsethik und Verantwortungsethik läßt sich alles rechtfertigen: Man ist mit seiner Gesinnung natürlich für Frieden, aber baut, weil man ein verantwortlicher Politiker ist, Atombomben.
Als Christ sei er selbstverständlich auch für die Bergpredigt, hielt mir Heiner Geißler in einem Streitgespräch vor, aber als Politiker sei man verantwortlich für Christen und Nichtchristen, da könne der Politiker dann mit der Bergpredigt nicht viel anfangen. Und da Kommunisten die Bergpredigt überhaupt nicht ernst nähmen, könne man mit ihr leider keine Abrüstungspolitik betreiben. Kommunisten verstünden nur die Sprache der Härte.
Wieso eigentlich nur Kommunisten? Ist die Atombombenpolitik der USA denn weniger »hart«? Franz Josef Strauß setzt sich einerseits für atomare Nachrüstung ein, andererseits nennt er sich selbst aber einen »Gesinnungspazifisten«. Als Christ spürt Strauß natürlich einerseits, daß man Pazifisten nicht einfach verdammen kann, wenn Jesus sie selig preist. Andererseits will er aber aus dem »Gleichgewicht des Schrekkens« nicht aussteigen. Freiheit und Verantwortung lassen sich jedoch in der Bergpredigt nicht trennen. Radikale Freiheit und radikale Verantwortung sind kein Gegensatz. Radikale Freiheit ist radikale Verantwortung.
Die Ethik der Bergpredigt heißt nicht Einerseits-Andererseits, sondern Entweder-Oder. Die Bergpredigt kann man nicht wollen, die Bergpredigt kann man nur tun. Die Einerseits-Andererseits-Ethik steht in der Tradition des römischen Spruchs »Wenn du Frieden willst, bereite den Krieg vor!« Nach dieser

Vorbereitung wurden dann in der Geschichte auch immer wieder Kriege geführt.
Die neue Ethik der Bergpredigt, die Ethik des Entweder-Oder heißt hingegen: Wenn du Frieden willst, bereite den Frieden vor; wer Krieg vorbereitet, wird Krieg bekommen. Nicht die gute Absicht zählt, sondern allein die Tat. Für eine Trennung zwischen privater und politischer Ethik gibt es keinen einzigen Hinweis in der Bergpredigt. Die Gerechtigkeit Jesu ist universal. Die geforderte Vollkommenheit steht in Zusammenhang mit seiner Kritik an jener Liebe, die zwar die Freunde, nicht aber die Feinde einschließt. Nächstenliebe ist nach Jesus noch nicht vollkommen, wahre Liebe umfaßt auch die Feinde. Das ist politischer Sprengstoff, der freilich fast noch nie benutzt wurde in der Weltgeschichte. Gandhi ist die große Ausnahme. Der bisher benutzte Sprengstoff war meist anderer Art. Vielleicht fällt es uns deshalb so schwer, an den Sprengstoff der Bergpredigt zu glauben. Wer die Heilkraft der Bergpredigt nicht in seinem Privatleben erfährt, wird sich ihr auch politisch nicht aussetzen können.
Jesus wußte viel von Gott, mehr als alle anderen Menschen, er war für mich ein Lehrer Gottes. Erasmus nannte ihn den »himmlischen Lehrer«. Die Bergpredigt weist Jesus als Lehrer mit großer Autorität aus: Er hatte göttliche Vollmacht.
Wer die Bergpredigt nur privat oder nur politisch interpretieren möchte, hat das ganzheitliche Denken Jesu nicht begriffen. Seine Botschaft ist so ganzheitlich wie sein Leben. Es gibt keine Gottesliebe ohne Menschenliebe. Um ein Mißverständnis auszuschließen: Der Bergprediger meint nicht Jesus-Herrschaft, sondern Gottes-Herrschaft. Wer nachfolgen will, soll »den Willen Gottes tun«! Und Gott ist die Liebe und nicht die Gewalt. Jeder Mensch, der – wie jener Samariter – seiner inneren Stimme folgt, tut Gottes Willen. Jesu Urteil über denjenigen, der in seinem Geiste handelt, ist eindeutig: Er wird leben. Sein Urteil über denjenigen, der sich zwar auf ihn beruft, aber nicht in seinem Sinne handelt, ist ebenso eindeutig: Er ist »wie ein unvernünftiger Mann, der sein Haus auf Sand baute«.
Warum die Bergpredigt? Sie ist eine Chance zur Veränderung der Welt. Aber die Welt wird nur verändert durch eine Umkehr

der Herzen. »Kehrt um und glaubt – verändert die Welt« hieß das Motto des Deutschen Katholikentages 1982. Der offizielle Katholizismus, der oft so beflissen die politische Dimension der Bergpredigt verschweigt, spricht hier endlich einmal eine deutliche Sprache.

Die Bergpredigt ist radikaler als das Kommunistische Manifest. Karl Marx wollte einige Verhältnisse ändern, Jesus will die Umkehr der Herzen.

Warum die Bergpredigt? Solange wir die Bergpredigt nicht entdeckt und nicht verstanden haben, haben wir auch unsere Möglichkeiten nicht entdeckt und nicht verstanden. Die Bergpredigt ist der Weg zur Menschwerdung jedes einzelnen und dadurch auch zur Menschwerdung der Menschheit. Dostojewski: »Sehnsüchtig grüßt der, der ich bin, den, der ich sein könnte.« Die Bergpredigt ist kein Gesetz und keine Sammlung von Geboten, sondern eine Verheißung des Lebens, ein Experiment der Liebe, eine Chance zur Reife der Menschheit. Martin Buber: »Der Ursprung allen Konfliktes zwischen mir und meinen Mitmenschen ist, daß ich nicht sage, was ich meine, und daß ich nicht tue, was ich sage.« Warum die Bergpredigt? Ohne sie gleitet uns nicht nur die Technik aus den Händen: Die Atombomben verfügen über uns.

Am Ende der Schöpfung?

Erstmals in der Geschichte haben Menschen die Möglichkeit, ihre Geschichte zu beenden. Der atomare Holocaust würde jedoch nicht nur die heute lebenden 4,5 Milliarden Menschen vernichten, er würde auch Milliarden künftiger Leben unmöglich machen und zugleich die Erinnerung an alles frühere Leben auslöschen. Atomarer Holocaust wäre also nicht nur der Tod der Gegenwart, sondern auch der Tod der Zukunft und der Tod der Vergangenheit. Atomarer Holocaust wäre der Tod jeder Geburt und der Tod jeden Todes. Günther Anders und Jonathan Schell nennen den atomaren Holocaust den »zweiten Tod«. Es gäbe erstmals in der Geschichte keine Erinnerung an frühere Generationen und keine Hoffnung auf zukünftige mehr. Wir würden die Toten nochmals töten und unseren eigenen Kindern die Waffe an den Kopf halten. Es gäbe erstmals keine »Partnerschaft der Generationen« (Edmund Burke) mehr.

Das Verbrechen der Vernichtung der heute Lebenden würde noch übertroffen vom Verbrechen der Annullierung zukünftiger Generationen. Die sprachlosen Ungeborenen stehen nicht auf der Rechnung der Atomstrategen, sie würden aber auf unserem Schuldkonto der entscheidende Faktor sein, milliardenfach.

Wir können heute in Stunden vernichten, was in vier Milliarden Jahren gewachsen ist. Es gibt heute – man muß es sich immer wieder klarmachen – pro Kopf mehr Sprengstoff als Nahrungsmittel. Bisher kannten die Menschen nur den individuellen Tod. Heute haben wir eine Ahnung vom kollektiven Tod. Endzeitstimmung gab es schon öfter in der Geschichte, aber Apokalypse stand meist im Zusammenhang mit Gott, der zwar die Welt zerstören, aber die Toten aufwecken würde. Die heutige Endzeitstimmung ist gottlos. Die Menschen haben sich selbst an die Stelle Gottes gesetzt, sie sind selbst in der Lage, die Schöpfung zu beenden. »Das derzeitige amerikanische und sowjetische Arsenal, welches die Zerstörungskraft der Hiroshima-Bombe millionenfach übertrifft, erfüllt nicht seinen Zweck – ein Zwanzigstel reichte sicherlich zur Sicherung der kühnsten Abschreckungstheorien aus« (George F. Kennan).

Der atomare Holocaust läßt sich nicht exakt beschreiben, wir können ihn nur ahnen. Wäre er exakt zu beschreiben, dann gäbe es wahrscheinlich niemand mehr, der ihn beschreiben könnte. Es gibt keine Ersatzerde, von der aus sich das Experiment eines atomaren Holocaust in Gelassenheit beobachten ließe. Mit der einen Erde darf man so wenig experimentieren wie mit Menschen. Jonathan Schell: Die Erde »ist unersetzlich wie der einzelne Mensch, heilig wie dieser«.

In der bisherigen Geschichte blieb Risiko immer im Rahmen weiteren Lebens. Die mögliche Vernichtung des Planeten Erde aber bedroht alles Leben.

Viele wenden ein: Das ist doch alles nur eine Möglichkeit, keine Gewißheit. Nur eine Möglichkeit? Wie viele Versicherungen schließen wir im Privatleben ab, um gegen *mögliche* Unfälle gewappnet zu sein! Wer begriffen hat, daß die Möglichkeit eines atomaren Holocaust Wirklichkeit werden kann, muß sich wehren. Politik, die diesen Namen verdient, darf mit der Schöpfung nicht spielen. Wenn wir dieses Spiel verlieren, erhalten wir keine neue Chance. Auch wenn die atomare Vernichtung intellektuell nur eine Möglichkeit ist: Politisch und moralisch muß diese Möglichkeit als Realität begriffen werden, sonst kann man nicht erfolgreich gegen die Gefahr ankämpfen. Der atomare Holocaust bleibt nur dann lediglich eine Möglichkeit, wenn wir diese Möglichkeit als reale Gefahr begreifen.

Die Rettung kann nur Befreiung von dieser Gefahr heißen. Das Wissen über die Herstellung von Atomwaffen können wir nicht wieder abschaffen. Damit müssen wir leben. Aber die Gefahr ist zu groß, um auch noch mit den Atomwaffen selbst auf Dauer leben zu können. Auf Dauer kann man mit immer komplizierter werdender atomarer Technik nur sterben. Die einzige Chance zu überleben ist die bewußte Auseinandersetzung mit der Gefahr.

Die atomare Bedrohung ist eine ökologische Bedrohung, eine Bedrohung der gesamten Schöpfung. Die Atombombe ist die Spitze unseres zivilisatorischen Eisberges. Der zivilisatorische Fortschritt »ist das Ergebnis einer gegen die Natur gerichteten kompensatorischen Aktivität« (David Carver). Alles, was wir nicht mehr natürlich leben (Sexualität, Liebe, Urvertrauen, Religion), kompensieren wir unbewußt durch Streben nach Geld und Macht. Der Gipfel des kompensatorischen Lebens ist die Atombombe, deren Existenz nicht neu ist, deren Gefahr wir aber verdrängt hatten. Doch was wir verdrängen, meldet sich irgendwann wieder.

Menschsein heißt Teilhaben an der Schöpfung. Diese Teilhabe machen uns die Atomwaffen heute streitig. Die Hoffnung, den nuklearen Holocaust mit Hilfe von diplomatischen Vereinbarungen und mit Vernunft zu verhindern, ist trügerisch und widerspricht jeder Erfahrung. Im Dritten Reich konnte man erleben, wie wenig Vernunft taugt, wenn die »Banalität des Bösen« (Hannah Arendt) regiert. Den atomaren Holocaust verhindern wir durch Aussöhnung und Feindesliebe oder gar nicht. Die

Summe der Nuklearwaffen ist Ausdruck eines gigantischen, menschheitsgeschichtlich einmaligen lange eingeübten und lange angestauten Hasses.
Unsere Macht ist zerstörerisch. Wir können zwar die Schöpfung beenden und alle Menschen töten, aber wir können keinen einzigen Menschen erschaffen. Daß wir nicht einmal einen grünen Grashalm erschaffen können und trotzdem keinen Schöpfer mehr anerkennen wollen, zeigt, was uns heute am meisten fehlt: Selbsterkenntnis, Einsicht in unsere Grenzen.
Selbst die Zerstörungskraft, die wir besitzen, ist geborgt. Wer die Gesetze der Natur kennt, ist noch lange kein Gesetzgeber. Menschen sollen nur eines: in Bescheidenheit sich selbst erhalten. Wenn wir diese Aufgabe nicht erfüllen, wird ewige Finsternis sein: Es wird dann keinen Krieg und keinen Frieden mehr geben, keinen Haß und keine Liebe, keine Trauer und keine Freude, keinen Tod mehr und nie mehr die Geburt eines Kindes.

II. Die alte Politik

Vernichtung oder Frieden?

Es wird in Europa wahrscheinlich keinen großen Krieg mehr geben. Im Atomzeitalter heißt unsere Alternative nicht mehr Krieg oder Frieden, sondern Vernichtung oder Frieden! In Kriegszeiten vor der Atombombe konnte jeder damit rechnen davonzukommen. Heute muß jeder damit rechnen umzukommen. Aber die meisten Politiker diskutieren die Frage »Krieg oder Frieden« noch immer so, als lebten wir zu Clausewitz' Zeiten, wo Krieg als Fortsetzung der Politik mit anderen Mitteln galt, als rationales Instrument der Nationalpolitik. Der eigene politische Erfolg war die Schädigung des anderen. Auch heute noch haben viele Zeitgenossen Angst vor etwas mehr Frieden. Bertrand Russell hat darauf hingewiesen, daß in England die stolzesten Denkmäler immer noch Männern wie Nelson und Wellington geweiht sind, die besonders geschickt darin waren, Ausländer umzubringen. In der DDR werden auch in den 80er Jahren dieses Jahrhunderts Soldaten dafür ausgezeichnet, daß sie auf Flüchtlinge schießen und Flüchtlinge erschießen.

Die Angst vor dem Frieden spüre ich bei Diskussionen nach Vorträgen, die ich parallel zur Arbeit an diesem Buche halte. Bereits die zaghafte Annäherung zwischen Moskau und Peking führt nicht etwa zu etwas mehr Hoffnung auf Entspannung am Ussuri, sondern zur besorgten Frage nach dem »Erstarken des Weltkommunismus«. Gut ist, was dem anderen schadet, schlecht ist, was ihm nützt. Solange dieses Denken unser Verhältnis zur Sowjetunion beherrscht, kann es gar keine Abrüstungserfolge geben. Solange die beiden Supermächte Abrüstungsverhandlungen in der Absicht führen, den Gegner zu benachteiligen und sich selbst Überlegenheit zu verschaffen, gelingt weder Gleichgewicht noch Abrüstung. Solange Konfrontation und nicht Kooperation das Denken der beiden Blöcke beherrscht, sind wir auf dem Weg zur Vernichtung und nicht auf dem Weg zum Frieden. Friedenspolitik ist erst möglich, wenn beide Supermächte ihre Konflikte nicht mehr zu ihren eigenen Gunsten und auf Kosten des Gegners austragen, sondern wirklich beenden wollen. Friedenspolitik will nicht Sieg, sondern Frieden, Ausgleich, Versöhnung. Mit dem Frieden ist es wie mit der Freiheit: So wie Freiheit immer auch die Freiheit des anderen ist, so ist Frieden immer auch der Frieden des anderen. Um auf diesen Weg zu kommen, muß einer anfangen, Abschied zu nehmen von der klassischen Machtpolitik. Auf das Wunder, daß beide Seiten gleichzeitig umkehren, warten wir jahrzehntelang vergebens; wir werden immer vergeblich darauf warten, auch wenn die »Realpolitiker« den Aberglauben an dieses Wunder immer wieder hegen und ihm selbst verfallen sind. Ganz anders die »Goldene Regel« der Bergpredigt: »Alles, was ihr also von anderen erwartet, das tut auch ihnen!« Das heißt: Wer Abrüstung will, muß erst einmal selber abrüsten. Er muß – da Politik meist nur langsam funktioniert – zumindest anfangen, aufzuhören mit dem Wettrüsten und Nachrüsten.

Realistische Friedenspolitik heißt: dem Gegner nicht mehr den eigenen Willen aufzwingen wollen, sich aber auch nicht den Willen des Gegners aufzwingen lassen. Spätestens jetzt im Atomzeitalter müssen wir begreifen, daß unsere eigene Sicherheit immer auch die Sicherheit des Gegners ist. Konkret: Die schlimmen SS-20-Raketen der Sowjets werden dadurch nicht weniger schlimm, daß wir ihnen noch schlimmere Waffen entgegensetzen. Denn solche Waffen sind natürlich keine Blitzableiter, im Gegenteil, sie ziehen die Blitze erst an. Weitere Atomwaffen – egal auf welcher Seite – erhöhen nicht die Sicherheit irgendeiner Seite, sondern sie gefährden noch mehr beide Seiten. Die irrationale Angst des Gegners vor mir wird nicht dadurch rationaler, daß ich ihm immer weiter Angst mache. Angst machen ist schon immer eine Bedingung von Krieg gewesen. Intelligente Politik würde versuchen, dem Gegner die Angst zu nehmen. Feindesliebe ist ein anderes Wort für intelligente Politik.

Warum hat eine rationale Friedens- und Abrüstungspolitik bis heute keine Chance? Die Menschen in Ost und West lassen sich in ihrer Mehrheit den Rüstungswahnsinn immer noch gefallen, weil sie nicht informiert sind. Viele sind nicht informiert, weil sie nicht informiert sein wollen.

»Die heutige Sünde heißt Nichtinformiertsein« (Margaret Mead). Ost und West verfügen heute über ein Vernichtungspotential, das 1,6millionenmal die Vernichtung von Hiroshima übersteigt. Weltweit gibt es mindestens 15000 Atomsprengköpfe. Jonathan Schell: »Sie erwachsen aus der Geschichte, aber sie drohen, die Geschichte zu beenden. Sie wurden von Menschen geschaffen, doch sie drohen, den Menschen auszulöschen.« Der amerikanische Journalist hat in seinem Buch »Das Schicksal der Erde« zusammengetragen, was Biologen und Mediziner, Chemiker und Physiker, Genetiker und Militärs heute über einen möglichen atomaren Holocaust zu sagen haben. Ergebnis: Die heutige Politik plant das Ende allen Lebens, das schiere Nichts.

Der ehemalige Verteidigungsminister Georg Leber zu Schells Buch: »Der Autor hat in seiner Analyse recht, aber ich sehe keine Alternative zur heutigen Verteidigungspolitik.« Nicht gerade beruhigend, denn Schell beschreibt die Folgen eines atomaren Krieges so:

1. Radioaktiver Staub verseucht die gesamte Oberfläche der Erde.
2. Bestimmte Isotope senden Millionen (!) Jahre lang todbringende Strahlen.
3. Die uns vor der Sonne schützende Ozonschicht um den Erdball wird teilweise zerstört.
4. Das Klima kühlt weltweit ab.

Die Liste möglicher Todesarten ist fast endlos, aber jeder hat nur ein Leben. Es spricht nicht für Politiker, wenn sie zu diesem möglichen atomaren Holocaust keine Alternative sehen.

Unser heutiges Wissen über einen atomaren Holocaust ist noch lange nicht vollständig. Was wird aus dieser Erde? Da stehen wir erst am Anfang unseres Wissens; vor 10 Jahren wußten wir fast noch gar nichts zum Thema Erdwissenschaften.

Erde und Menschheit gibt es nur einmal. Es ist Menschen nicht erlaubt, mit Erde und Menschheit zu experimentieren. Der Ablauf des atomaren Holocaust läßt sich kaum beschreiben, wohl aber sein Ende: das Nichts. In den letzten drei Jahren

wurden die US-Streitkräfte dreimal in Alarmzustand versetzt: zweimal, weil ein Chip im computergesteuerten Warnsystem nicht funktionierte, und einmal, weil das Testband, das einen Raketenangriff simulierte, unbemerkt in das System geraten war. Menschliche oder technische Fehler können deshalb verheerende Folgen haben, weil jede Seite Angst vor dem Erstschlag der anderen Seite hat. Bei technischem Versagen ist die Gefahr groß, daß kurzentschlossen der Erstschlag angeordnet wird. Ein schwacher Trost wäre, daß dies alles ja gar nicht gewollt war. Wenig tröstlich finde ich auch die ständige Beteuerung der Sowjetunion, niemals einen Erstschlag durchzuführen. Entscheidend ist, daß die Sowjetunion Erstschlagwaffen besitzt und auch als erste einen atomaren Schlag führen *kann*. Noch verheerender ist allerdings, daß die USA nicht einmal bereit sind, einen Verzicht auf den ersten Schlag zu erklären.
Nach allem, was wir heute wissen, war die Welt während der Kuba-Krise 1962 dem Abgrund am nächsten. Die Sowjetunion war damals dabei, auf Kuba Atomraketen zu installieren. Die USA wollten dies vor ihrer Haustür um jeden Preis verhindern – auch um den Preis eines Atomkriegs! Die Sowjets gaben schließlich im letzten Augenblick nach. Robert Kennedy dazu in seinen Erinnerungen: »Präsident Kennedy hatte die Ereignisse in Gang gesetzt, in der Hand hatte er sie nicht mehr.« Eine Gruppe hochbegabter Staatsmänner traf eine wohlüberlegte Entscheidung, deren mögliche Folge der Untergang der Welt gewesen wäre. Ist es nicht merkwürdig, daß solche Dokumente eines möglichen Weltunterganges von einem glaubwürdigen Augenzeugen publiziert werden, ohne daß die Weltöffentlichkeit vor Entsetzen aufschreit? Die Tatsache, daß der Präsident einer Supermacht mit 14 Mitarbeitern über das Schicksal der Erde entscheiden kann, halte ich für so undemokratisch wie verrückt. Der unterlassene Aufschrei gegen solche Möglichkeiten ist so erschütternd wie die Möglichkeit des Atomkrieges selbst. 1962 kann sich jederzeit wiederholen: in Washington und in Moskau! Man braucht heute nicht mehr viel Phantasie, um sich das Ende der Menschheit auszumalen. Aber selbst dieses Minimum an Phantasie haben offenbar viele Zeitgenossen, unter ihnen die meisten Politiker, nicht.

Robert Kennedys Dokument wurde erst nach seiner Ermordung veröffentlicht. Sein Freund Theodor C. Soerensen schrieb dazu eine Anmerkung: »Es war Senator Robert Kennedys Absicht, noch eine Erörterung der folgenden grundlegenden ethischen Fragen anzufügen: Welcher Umstand oder Anlaß – falls überhaupt einer denkbar ist – gibt unserer Regierung oder überhaupt einer Regierung das moralische Recht, ihr Volk und möglicherweise alle Völker an den Rand der nuklearen Vernichtung zu bringen?« Kennedys Frage ist heute noch drängender als vor 15 Jahren; die Welt ist dem Abgrund noch ein Stück nähergerückt, die Absturzgefahr ist noch größer, wenn die NATO jetzt nachrüstet und die Sowjetunion wieder nachrüstet, als Reaktion auf die Nachrüstung der NATO.
Wenn alles wie bisher weitergeht, dann findet eine Seite immer einen Grund, auf irgendeinem Sektor nachzurüsten. Wohin wird das führen? Wie soll mit der bisherigen Politik je Abrüstung und Friedenssicherung erreicht werden? C. Wright Mills schrieb schon 1958: »Die Ursache des Dritten Weltkrieges wird vermutlich die Vorbereitung auf ihn sein.«
Seit über 100 Jahren wird »Abrüstungspolitik« betrieben. Dutzende von »Abrüstungskonferenzen« gab es bisher. Das Ergebnis dieser »Abrüstung«, die uns dem atomaren Holocaust immer näher gebracht hat: immer mehr Aufrüstung. Der eigentliche Grund dieser Wahnsinnspolitik ist die Angst vor dem Frieden. Der atomare Holocaust wäre nichts anderes als kollektiver Selbstmord aus Angst vor dem Frieden. Wir hätten es den Waffen überlassen, die menschlichen Rechnungen zu begleichen. Wenn die Hemmschwelle zur Zündung der ersten Atombombe erst einmal gefallen sein wird, woher sollen dann Politiker, die an das Gleichgewicht des Schreckens glauben, die seelische Kraft nehmen, auf die Zerstörung allen Lebens zu verzichten, die sie doch intensiv und so kostspielig vorbereitet haben? Präsident Kennedy hat 1962 auch den möglichen Atomkrieg in Kauf genommen. Wenn es erst einmal losgeht, ist psychologisch nichts mehr, wie es vorher war.
Die Frage aller Fragen heißt heute: Wie lange können Kernwaffen uns vor Kernwaffen schützen? Die meisten Zeitgenossen schützen sich vor den Konsequenzen dieser Frage mit einer

Gegenfrage: Haben nicht gerade die Atombomben in den letzten drei Jahrzehnten einen Krieg in Europa verhindert? Wann in den letzten 200 Jahren gab es in Europa eine so lange Friedenszeit wie nach 1945?

Die Gnadenfrist

Es kann sein, daß die Existenz der Atombombe eine Zeitlang kriegsverhindernd war. Wahrscheinlicher scheint mir jedoch, daß die Atombomben allenfalls einen Aufschub des Dritten Weltkriegs bewirkt haben. Die letzten zwei Jahre beweisen, daß sich hinter dem »Atomschild« viel aufgestaut hat. Die atomare Maschine hat uns, falls wir Glück haben, bestenfalls eine Gnadenfrist auf Erden geboten, bevor es zum nahezu unvermeidlichen menschlichen oder technischen Versagen kommt, das uns die Vernichtung bringt.

Die Gnadenfrist könnte dadurch noch verkürzt werden, daß bis zum Ende dieses Jahrzehnts wohl ein Dutzend Regierungen Atomwaffen haben. Und weitere werden folgen. Es kann auf Dauer nicht gutgehen, wenn jährlich 1 500 Milliarden Mark für Rüstung ausgegeben werden, zugleich aber Millionen Menschen an Hunger sterben. Alles hat Folgen. Irgendwann wird jedes verhungerte Kind seinen Preis fordern. Man bedenke unsere Situation, wenn die Idi Amins dieser Erde über Atomwaffen verfügen, wenn – wie 1962 – auch ein als verantwortungsbewußt und umsichtig geltender Staatsmann wie Kennedy das Risiko einging. Fraglich bleibt, ob wir die Weiterverbreitung noch verhindern können. Aber wir werden sie mit Sicherheit nicht verhindern, solange Supermächte selbst Atomwaffen haben. Solange irgendeiner Atomwaffen besitzt, wird alles nur schlimmer.

McNamara 1963: »Gewährleistete Vernichtung ist der Kern des gesamten Abschreckungskonzepts.« Die Vernichtungsabsicht muß also glaubhaft und die mögliche Vernichtung »gewährleistet« sein. Die heute gültigen Militärdoktrinen der beiden Blöcke erinnern mich an die Aussage eines amerikanischen Generals im Vietnam-Krieg, nachdem er ein Dorf hatte zerstö-

ren lassen: »Ich mußte dieses Dorf zerstören, um es vor den Kommunisten zu schützen.« Die angedrohte Vernichtung soll glaubhaft sein. Beide Seiten sind bestens vorbereitet. Im Ernstfall haben wir zwar Mittel zur nationalen Verteidigung, aber keine Nation mehr, die verteidigt werden müßte.
Bisher schien es uns sinnvoll, durch Drohung mit Atomwaffen einen Gegner abzuschrecken. Was aber, wenn sich der Gegner nicht abschrecken läßt? Die Doktrin soll glaubhaft sein, aber die Tat wäre nicht zu rechtfertigen. Der Widerspruch bleibt unauflöslich. Da der Holocaust alle träfe, ist die Unterscheidung zwischen befreundeten und gegnerischen Atommächten bedeutungslos. Nicht nur die Vernichtung der Menschheit, auch die Theorie zur Vernichtung der Menschheit ist nicht akzeptabel.
Papst Johannes Paul II. zum Weltfriedenstag 1983: »Nicht nur jeder Krieg, sondern auch alles, was zum Krieg führen kann«, muß beseitigt werden. Der Papst ist gegen jede Form von Nachrüstung. Unsere zügellos gewordene Vernunft verhindert solche Einsichten. Descartes' »Ich denke, also bin ich« hat uns in die Irre geführt. Unser Verstand muß wieder bei unseren Emotionen und Intuitionen in die Schule gehen, um Überlebensphantasie, um Frieden zu lernen. Am Abgrund kann weder ein Leben noch dauerhafte Liebe gedeihen. Vielleicht wird die Frage nach dem Sinn des Lebens heute so intensiv gestellt, weil der Sinn des Lebens, nämlich das Leben selbst, so bedroht ist. Und wo Menschen keinen Sinn mehr im Leben sehen, haben sie zuvor keinen Sinn mehr in der Liebe gesehen. Die Dauer der Liebesbindungen nimmt ab, wie die Fristen zum Überleben kürzer werden. Die junge Generation von heute, die keinen Tag ohne Atomwaffen erlebt hat, ist von vornherein seelisch belastet wie nie eine Generation vor ihr. Vielleicht liegt hier die Ursache der »No-Future«-Philosophie. Wer nicht aufs Überleben hoffen kann, muß verzweifeln. Früheren Generationen wurde die Zeit einfach geschenkt, die Atom-Generationen müssen sich ihre Zeit erkämpfen. Sie müssen »Gärtner der Zeit« (Jonathan Schell) werden und ihre künftigen Jahre hegen und pflegen. Vielleicht lernen wir so erst, als die *eine* Menschheit zu leben und zu überleben.
Gottes Gebot »Du sollst nicht töten« muß heute in einer

neuen Dimension begriffen werden: Du sollst künftigen Generationen Leben ermöglichen, du sollst ihre Geburt zulassen. Die heutige Menschheit hat Elternpflichten gegenüber künftigen Generationen. Eltern stellen ihren Kindern keine Bedingungen; Eltern lieben ihre Kinder.
Sofern Diskussionen über Abschreckung redlich geführt werden, gelangen sie immer an diesen Punkt: Die Befürworter der Abschreckung müssen zugeben, daß sie notfalls bereit sein müssen, der nationalen Souveränität wegen die Menschheit zu vernichten, was aber die Vernichtung der eigenen Nation einschließt, und die Befürworter einer vollständigen Abrüstung müssen zugeben, daß ihre Vorschläge sich mit nationaler Souveränität nicht vereinbaren lassen. Viele sagen heute statt Souveränität Freiheit, meinen aber Öl. Andere sagen statt Souveränität Sozialismus, meinen aber ihre Macht. Das sind dann die »lebenswichtigen Interessen«, deretwegen mit Krieg gedroht wird.

Unsere Ideologien von Sozialismus und Kapitalismus haben sich überlebt. Heute geht es primär um das *gemeinsame* Überleben. Was ist wichtiger: Öl und Sozialismus oder das Leben? Wer die alte Politik mit Krieg als letztem Mittel auch im atomaren Zeitalter beibehalten will, muß in Kauf nehmen, alles menschliche Leben zu vernichten. Vor der Möglichkeit des atomaren Holocaust wird unser bisheriger politischer Realismus biologischer Nihilismus. Technisch ist Atomkrieg lediglich *möglich*, aber wir sind gezwungen, diese Möglichkeit eines atomaren Holocaust als Gewißheit anzunehmen, um ihn verhindern zu können. Der Grundwiderspruch ist, daß wir mit Vernichtung drohen, um der Vernichtung zu entgehen. Das mag eine Zeitlang »gut« gehen – aber auf Dauer führt es in die Vernichtung. Es ist ein historisches Gesetz: Wenn zuviel Gewehre zusammenkommen, hat es noch immer geknallt. Das ist *die* Lehre der Geschichte. Es ist aber nicht unsere Aufgabe, Geschichte zu vergessen oder zu verdrängen, sondern sich der Geschichte zu erinnern!
Wenn es sich herausstellen sollte, daß wir auch im atomaren Zeitalter unfähig bleiben zu zwischenstaatlicher militärischer Gewaltlosigkeit, dann hat die Menschheit keine Zukunft mehr.

Die Fragen, die sich aus dieser Erkenntnis ergeben, sind nicht angenehm. Doch das ist kein Grund, sie nicht zu stellen. Jonathan Schell: »Wir müssen in die Vorstellungshölle hinabsteigen, um hoffen zu können, daß uns später der wirkliche Abstieg erspart bleibt.« Das Wissen, das wir heute über einen möglichen atomaren Holocaust erwerben müssen, ist allein noch kein Schutz dagegen, aber ohne dieses Wissen gibt es überhaupt keine Hoffnung mehr. Wir müssen wissen: Im Atomkrieg gibt es keine Sieger und keine Verlierer, sondern nur noch Tote. Die Waffen allein wären die Sieger. Heute sind bereits alle Menschen Geiseln der Atomwaffen. Die Völker des Ostens sind die Geiseln der westlichen Atomwaffen, und die Völker des Westens sind die Geiseln der östlichen Atomwaffen. Die Völker des Südens sind die Geiseln von Ost und West. Abrüstungsverhandlungen werden so lange ergebnislos bleiben, wie die Verhandlungspartner nicht begreifen, daß sie zunächst einmal die Geiseln ihrer eigenen Atombomben sind. Die meisten Abrüstungsvorschläge, die 1982 in Genf gemacht wurden, erwecken den Eindruck, daß sie hauptsächlich unter *einem* Gesichtspunkt zustande kamen: daß sie für den Gegner nicht akzeptabel sind oder zumindest nicht akzeptabel scheinen. Lange Zeit rebellierten wir allenfalls unbewußt gegen den Geiselzustand. Unsere Seelen wurden krank. Wir haben weniger Vertrauen als frühere Generationen zu uns selbst, zu anderen und in die Zukunft. Wer auf Bomben vertraut, dessen Vertrauen zu Menschen wird schwinden.

Raketen sind Magneten

Wenn die USA 1983 oder 1984 in Westeuropa nachrüsten und wenn die Sowjets ihre SS-20 nicht abbauen, dann geben beide jenen recht, die voller Sarkasmus meinen: »Amerikaner und Russen sind mutig entschlossen, sich bis zum letzten Europäer zu verteidigen.«

Im Dezember 1982 wurde bekannt, daß die USA das NATO-Hauptquartier in Stuttgart im Ernstfall nach London zu verlegen gedenken. Das mag militärstrategisch richtig sein, zur Be-

ruhigung der betroffenen Menschen, von deren »Verlegung« im Kriegsfall nichts bekannt wurde, trägt solche Absicht allerdings nicht bei.
Wieder einmal hat sich gezeigt, daß die USA wichtige militärische Entscheidungen treffen, ohne die Verbündeten auch nur zu konsultieren. Die Art und Weise, wie die westliche Supermacht beim Bau der Neutronenwaffe, bei der Theorie des begrenzten Atomkriegs und bei der Verlegung des NATO-Headquarters die Bundesrepublik brüskierte, nährt den Verdacht, daß wir für einige führende Politiker in den USA im Ernstfall so etwas wie ein »Wegwerf-Kuba« sind.
Die ewige Nachrüsterei macht Deutschland (Ost und West) zum Ausgangspunkt eines auf Europa begrenzten Atomkrieges. Die amerikanischen Cruise Missiles und Pershings II werden Ziele für die sowjetischen SS-20 sein und umgekehrt. So wird atomare Verteidigung zur Totverteidigung. Es kann nicht das Interesse der Bundesrepublik sein, als atomare Abschußrampe der USA und atomare Zielscheibe der UdSSR zu dienen. Die sowjetischen Mittelstreckenraketen sind heute schon gefährlich genug, sie werden durch Nachrüstung westlicher Mittelstreckenraketen noch gefährlicher. Pershings II und Cruise Missiles sind keine Blitzableiter, sie ziehen die Blitze erst an. Das gleiche gilt für die östlichen SS-20, wie die westliche Nachrüstung beweist. Schon in Friedenszeiten ziehen sich die östlichen und die westlichen Raketen an wie Magneten. Darin liegt zusätzliche Gefahr. Die atomare Entwicklung gibt der Losung der Friedensbewegung der 50er Jahre recht: »Raketen sind Magneten.« So war es bisher, und so wird es bleiben, bevor nicht einer anfängt aufzuhören und umzukehren. Dann erst kommt die Chance, daß es einen Abrüstungsdruck gibt, so wie es bisher einen Aufrüstungsdruck gegeben hat.
Im bisherigen Abschreckungssystem brauchte jeder seine Nachrüstung – immer und immer wieder. Ungestraft kann man diese Entwicklung allerdings nicht fortsetzen. Irgendwann kommt der große Knall zwangsläufig. Er kam immer, soweit wir Geschichte übersehen können. In dieser Situation nachzurüsten heißt, die Katastrophe wahrscheinlicher zu machen. Pershings II können in wenigen Minuten die Sowjetunion errei-

chen und in weiteren wenigen Minuten dort mehr Leben zerstören als alle Armeen Hitlers in vier Jahren. Man kann sich vorstellen, daß die Sowjetunion darauf ebenso irrational antworten will, wie der Westen irrational auf die SS-20 reagiert. Nachrüstung ist der Versuch, den Teufel mit Beelzebub auszutreiben.
Da die Vorwarnzeiten für Pershings II lediglich vier bis sechs Minuten dauern werden, ist die Sowjetunion entschlossen, die Antwort auf westliche Nachrüstung dem Computer zu übergeben. Die knappe Vorwarnzeit, sagen einem russische Gesprächspartner, reiche für menschliche Gehirne und Hände nach bisheriger Erfahrung nicht aus. Nach allem, was wir heute über technische Fehler der Militärcomputer wissen, reichten bisher in den USA vier bis sechs Minuten zum Erkennen eines Fehlers keineswegs immer aus. *Wir sind also dabei, die Entscheidung über unser Leben zu automatisieren.* Wir hängen mit der Nachrüstung unser Leben an den seidenen Faden eines Automaten.

Kindergartenreflex in der Politik

Die beiden Supermächte sind in ihrer atomaren Politik Fleisch vom selben Fleisch und Geist vom selben Geist: Jeder tut selbst, was er dem anderen vorwirft. Jeder der beiden Großen rechtfertigt seine Sünden mit den Sünden des anderen. Auch in der Dritten Welt wird die US-Politik nach Jimmy Carter immer »sowjetischer«. Nicaragua wird mit Intervention gedroht. Jede Supermacht weigert sich, selbst zu tun, was sie vom anderen verlangt. Hierzulande verteidigen viele Rechte die US-Atomraketen und viele Linke dieselben Waffen der Sowjetunion. Die DKP, die sich in der Friedensbewegung engagiert, ist gegen die NATO-Nachrüstung, verteidigt aber die SS-20 der Sowjetunion. Ihr Motto: »Frieden schaffen ohne NATO-Waffen.«
Die Sowjetunion hatte nach 1945 in Europa eine riesige Überlegenheit bei konventionellen Waffen; zur selben Zeit haben die USA atomar vorausgerüstet. In den 70er Jahren hat sich die Sowjetunion atomar an die USA herangerüstet. Heute spre-

chen die meisten Politiker und Militärs von einem ungefähren Gleichgewicht, wenn man alles Militärische addiert. Die USA sind qualitativ überlegen, die Sowjetunion quantitativ. Aber jeder findet ständig irgendein »Fenster«, an dem er sich noch für verwundbar hält. Wer im Atomzeitalter totale Sicherheit plant, muß die totale Vernichtung einkalkulieren. Politiker nennen diese Politik rational und sprechen von »atomaren Sachzwängen«. Daß wir uns von den atomaren Sachen tatsächlich lange Zeit haben zwingen lassen, ist wohl die irrationalste Politik, die Menschen auf diesem Globus je betrieben haben. Es kann sein, daß die Existenz der Atombomben eine Zeitlang in Europa kriegsverhindernd gewirkt hat. Aber irgendwann gehen solche Verhinderungsfristen zu Ende. Wenn das atomare Wettrüsten nicht gestoppt werden kann, wenn am Ende des Jahrzehnts vielleicht ein Dutzend und bis zum Jahre 2000 vielleicht 50 Regierungen über Atombomben verfügen, dann ist der Weltfrieden mehr bedroht als je zuvor nach 1945; nicht weil die Menschheit schlechter wäre als 1945 oder schlechter als die mittelalterliche oder die antike Menschheit, sondern deshalb, weil die Menschen in unserem Jahrzehnt erstmals die Möglichkeit der Selbstvernichtung haben. Der Mensch hat »unvergleichlich wirksamere Mittel zur Hand, um seine Schlechtigkeit bestätigen zu können« (C. G. Jung).

Unser Wissen hat sich ausgeweitet, doch unsere moralische Beschaffenheit bleibt rückständig. Geistesgeschichtlich ist das ein Ergebnis der Aufklärung, auf die alle Liberalen unserer Zeit so stolz sind. In Wahrheit hat sich jedoch unsere Vernunft nicht emanzipiert, sondern sich nur abgespalten von Verantwortung, Emotion, Religion und Intuition. Seit dem Mittelalter haben Wissenschaft und Technik eine einmalige Vermehrung erfahren, aber über die Seele wissen wir weniger als unsere Vorfahren, die noch ein Sündenbewußtsein hatten. Die Aufklärung hat die Vernunft vergötzt. *Die atomare Sackgasse ist eine Sackgasse unserer abgespaltenen Vernunft.* Wir leben nicht ganzheitlich menschlich, sondern einseitig »vernünftig«. Das Ergebnis ist bekannt: Wir stehen am Abgrund. Aber nicht einmal jetzt ist uns die ganze Tragweite der Situation bewußt. Ist es wirklich vernünftig, alle Menschen mehrfach töten zu können und auch

dann noch weiterzurüsten und nachzurüsten? Auch die geplante NATO-Nachrüstung wird ja kaum noch mit Sicherheitsinteressen gerechtfertigt – das nehmen viele Menschen den Politikern nicht mehr ab –, sondern nur noch mit den Waffen der anderen Seite –, und das Argument nehmen immer noch viele Menschen ernst.
Wenn Waffen nur noch produziert werden sollen, weil der andere sie auch hat, dann ist diese Politik eine Politik des Kindergartenreflexes. Falls dieser Vergleich eine Beleidigung ist, dann eher eine Beleidigung für Kinder als eine Beleidigung für Politiker. Das Ergebnis dieser Politik ist auf jeden Fall nicht mehr Sicherheit, sondern mehr Unsicherheit. Das Ende einer Vergötzung von Vernunft und Wissenschaft wäre der Anfang eines neuen Wissens: daß nur die Umkehr der Herzen und eine neue Verantwortung uns weiterhelfen können. Nichts erweist sich als so unvernünftig wie die reine Vernunft. Sie ist weder rein noch vernünftig.
Im Atomzeitalter ist Wissen ohne Gewissen nicht nur der Ruin der Seele, sondern auch der Ruin des Lebens.
Die katholische Bischofskonferenz der USA erklärte im Sommer 1982: »Wir halten für unmoralisch allein schon die *Drohung*, solche Waffen einzusetzen.« Verteidigungsminister Caspar Weinberger hält diese Position für »gefährlich«. Doch immer mehr US-Bischöfe werden Mitglied der internationalen katholischen Friedensbewegung »Pax Christi«. Sie dokumentieren damit ihre Differenz zur Pax americana ihrer Regierung. Man kann westlichen Kapitalismus so wenig mit Freiheit gleichsetzen wie östlichen Kommunismus mit Brüderlichkeit. Diese Versuche erinnern mich immer an die Idee von den gerösteten Schneebällen. Wir haben zwar in westlichen Ländern mehr Freiheiten als die Bürger Osteuropas. Doch die Frage ist: *Sind* wir auch freier, *leben* wir freier, wenn auch wir den Regierenden gestatten, denselben atomaren Wahnsinn zu betreiben, den wir bei der Sowjetunion so verurteilen?
Pax Christi, die Politik der Bergpredigt: Das ist der Abschied von Pax americana und Pax sowjetica. Die Haltung der amerikanischen Bischöfe hat mich 1982 veranlaßt, Mitglied bei »Pax Christi« zu werden.

Politiker ohne Selbsterkenntnis

Viele Politiker klären über ihre Atombombenpolitik nicht auf, sie betäuben vielmehr sich und andere. Der amerikanische Marineminister John F. Lehman hat 1981 ein Atom-U-Boot auf den Namen »Corpus Christi« getauft und beim Stapellauf des Schiffes gesagt: »Unterrichtet in den Lehren der Kirche, bin ich mir besonders bewußt, daß militärische Macht von der Kirche als Instrument des Friedens betrachtet wird.«

Der Minister hatte übersehen, daß sich die katholische Kirche der USA heute wieder an die Bergpredigt erinnert. Als die amerikanische Bischofskonferenz gegen diese unfaßbare Gotteslästerung protestierte, wurde das Boot umgetauft – in »City of Corpus Christi«. Die geplanten amerikanischen MX-Atomraketen hat Ronald Reagan im November 1982 »Peacekeeper« genannt, also pazifistische Raketen! Die beschönigende Namensgebung für die neuen Waffen verschleiert, daß jede der 100 MX-Raketen eine Zerstörungskraft von 175 Hiroshima-Bomben haben wird. Dahinter steckt sicherlich kein böser Wille, sondern etwas weit Gefährlicheres, weil es nicht einmal mehr ein schlechtes Gewissen verursacht: Viele Politiker wissen nicht mehr, was sie tun und was sie vorbereiten helfen. Weil sie immer nur reden und sich kaum noch Zeit nehmen zum Lesen, Nachdenken und Meditieren, fehlt es ihnen an Selbsterkenntnis. Sie verurteilen zunächst an der anderen Seite, was sie anschließend selbst tun. Zum Beispiel: Atombomben bauen. Sie stellen die Goldene Regel der Bergpredigt auf den Kopf. Ihr Gewissen als ethische Instanz erfaßt nur ihr Bewußtsein. Die Tiefenpsychologie hat uns aber längst auf die Existenz des Unbewußten aufmerksam gemacht. Die Art und Weise, wie Politiker heute Kriege vorbereiten, ist ihnen meist unbewußt: Während sie immer perfekter die Vernichtung planen, reden sie immer häufiger vom Frieden. In Lukas 6 (an einer leider ausgemerzten Stelle) sagt Jesus zum Sabbatbrecher: »Wenn du weißt, was du tust, so bist du auch selig.« In der Politik jedoch wird das Unbewußte, vor allem das unbewußt Böse in uns, vorsätzlich ausgeklammert. Man will nichts davon wissen. Fast alle Wahlkampfreden bezeugen es. In Wahlkämpfen ebenso wie beim Ost-West-Konflikt wird alles Böse auf einen äußeren Feind projiziert, um den eigenen inneren Feind (scheinbar) zu entlasten. Diesem äußeren Feind wird dann all das unterstellt, was man selbst ständig tut.

Politiker können die Folgen ihrer Entscheidungen oft nicht mehr übersehen und lehnen jede persönliche Verantwortung dafür ab. Oft scheinen sie auch ganz froh darüber zu sein, keine Selbsterkenntnis zu haben. So stört auch kein unliebsamer Gedanke den Schimmer ihrer Illusionen. Auch hier gilt: Wer ohne Fehler ist, der werfe den ersten Stein. Ich will nicht richten, aber darauf aufmerksam machen, was einem bewußt wird, wenn man anfängt, die Politik der Bergpredigt zu begreifen. Kenntnis von der Existenz des Unbewußten ist unerläßlich für jede wirkliche Selbsterkenntnis und Selbstbesinnung. Erst die Einbeziehung des Unbewußten ergibt die Chance, »vom begrenzten Ich in das umfassendere Selbst« (C. G. Jung) zu gelangen, zur Selbst-Erkenntnis. Selbsterkenntnis ist *die* Lebensaufgabe jeder Persönlichkeit. Zum Finden von mehr Selbsterkenntnis nehmen sich die meisten Politiker heute aber keine Zeit – keine Zeit zum Denken, Lesen, Meditieren, Beten. Und was uns Nacht für Nacht unsere Träume an Selbsterkenntnis schenken könnten, das wissen wir nicht mehr und an das glauben wir auch nicht mehr. Für diese nächtlichen Geschenke aus unserem Innern haben wir – im Gegensatz zu manchen Naturvölkern – heute keinen Sinn mehr. Befreit von der Beliebigkeit und Manipulierbarkeit unseres Bewußtseins führen uns unsere Träume in die Schichten unseres Unbewußten. In einer Traumanalyse kann man diese beglückende Erfahrung machen. Man versteht sich und andere danach etwas besser.

Neue Erkenntnisse erfordern allerdings neue ethische Entscheidungen. Illusionen sind oft ein bequemes und – zumal in der Politik – oft leichtsinniges Alibi, mit dem man sich um ethische Konsequenzen drücken kann. Wer sich selbst nicht kennt, kann bei Konflikten seine eigene Schuld auch nicht erkennen. Er sucht nur die Splitter im Auge seines Bruders. Jesus zeigt den umgekehrten Weg: »Zieh zuerst den Balken aus deinem Auge«, »Richtet nicht«, »Alles, was ihr von anderen erwartet, das tut auch ihnen«.

Jesus fordert keinen blinden Gehorsam. Ihm nachfolgen heißt aber, über den Weg der Selbsterkenntnis zur Freiheit ethischer Entscheidungen zu gelangen. Die Ethik der Bergpredigt hat wenig mit Gesetzestreue und Moralvorschriften zu tun, aber viel mit Selbsterkenntnis, Wahrhaftigkeit und Freiheit.

Man muß in unserer vom atomaren Holocaust bedrohten Situation festhalten: Politikfähig ist heute, wer abrüstungsfähig ist. Nach diesem Kriterium gibt es freilich nur wenige wirkliche Politiker.

Oder kann man berechtigte Hoffnungen haben auf die Abrüstungsgespräche in Genf? Bisher gab es allen Abrüstungskonferenzen zum Trotz immer mehr Aufrüstung. Man sagte Abrüstung und meinte immer den eigenen militärischen Vorteil. »Diesmal bin ich optimistisch«, sagt Helmut Kohl immer wieder. Mir wird dieser Optimismus immer rätselhafter. Optimismus als Prinzip kann eine Krankheit sein wie Pessimismus. Die einzig erlaubte und hilfreiche Einstellung ist angesichts der fürchterlichen Fakten die prüfende Skepsis. Nach dem Motto, daß nicht sein kann, was nicht sein darf, haben sich viele deutsche Demokraten und Kirchenleute in den dreißiger Jahren unseres Jahrhunderts schon einmal täuschen lassen. Die Folgen waren katastrophal. Aber diesmal gäbe es kein Erwachen mehr. Der Spuk würde auch keine 12 Jahre, sondern nur wenige Stunden oder Tage dauern.

In Genf verhandeln auf beiden Seiten militärische Falken. Ich kann mir nicht vorstellen, daß ausgerechnet diese Verhandlungspartner einen Durchbruch zur Abrüstung schaffen sollen, die diesen Namen auch verdient. Die Versuche in Genf gleichen dem Bemühen zweier Schiedsrichter, sich über das Ende des Fußballspielens zu einigen, weil die Fouls sich häufen. Sie werden allenfalls kompliziertere Regeln austüfteln, aber nicht das Fußballspielen abschaffen.

Die Abrüstungsverhandlungen wurden so geführt, daß der jeweilige Propaganda-Apparat es leicht hatte, dem anderen die Schuld am Scheitern zuzuschieben. Schon Ende 1982 bestritten beide Supermächte »den ernsthaften Verhandlungswillen« des anderen. Obwohl immer mehr Menschen die Schwarze-Peter-Diplomatie durchschauen, argumentieren die

meisten Politiker wie gehabt: *Die Katastrophe wird am besten dadurch verhindert, daß man sie immer perfekter vorbereitet.*
In Genf konnte es kein Ergebnis geben: Jede Seite sprach von Abrüstung und meinte den anderen. Dieses Spiel dauert schon Jahrzehnte.

Jede Sekunde ein Weltkrieg

Erst bei seinem Abschied von der Politik im Januar 1981 hat Präsident Carter zugegeben, daß die Atomkriegsgefahr größer werde: »Und da andere Regierungen diese Waffen erwerben, ist es vielleicht nur noch eine Frage der Zeit, bevor Verrücktheit, Verzweiflung, Habgier oder Fehlkalkulation diese schreckliche Kraft freisetzen.« Ein scheidender US-Präsident weiß wohl am besten, wovon er spricht, wenn er sagt: »In einem weltweiten Nuklearkrieg würde mehr Zerstörungskraft als im gesamten Zweiten Weltkrieg freigesetzt werden, und zwar in jeder Sekunde des langen Nachmittags, den man für den Abschuß und Abwurf aller Raketen und Bomben benötigen würde; jede Sekunde würde ein Zweiter Weltkrieg stattfinden, und in den ersten Stunden würden mehr Menschen getötet als in allen Kriegen der Geschichte zusammen. Die Überlebenden – falls es welche geben würde – würden in Verzweiflung leben inmitten der vergifteten Ruinen einer Zivilisation, die Selbstmord begangen hätte.« Ähnlich deutlich klingt, was die sowjetische Regierung 1981 in einer Broschüre feststellt: »Die Sowjetunion geht davon aus, daß ein Atomkrieg eine globale Katastrophe wäre und mit größter Wahrscheinlichkeit das Ende der Zivilisation bedeuten würde. Möglicherweise würde er zur Vernichtung der gesamten Menschheit führen.«
Wer trotzdem für noch mehr Rüstung und Nachrüstung plädiert, wer sich in dieser Situation von Atomwaffen sichern lassen will, kann der noch glauben, hoffen und lieben im Geist der Bergpredigt? Das Neue an den heutigen Waffensystemen beider Seiten ist: Der Gegner fürchtet sie, weil sie Erstschlagwaffen sind, und verhält sich entsprechend: Er baut seine Erstschlagwaffen immer perfekter, schneller und zielgenauer. Das erhöht die

Kriegsgefahr. Erstschlagwaffen, so hat Alfred Mechtersheimer nachgewiesen, sind eine ungeheure Verführung zum »rechtzeitigen« Einsatz: »Ein solches System kann in einer Krise nicht stabil bleiben.« Erstschlagwaffen sind kein Mittel der Kriegsverhütung, sondern der Kriegsführung.

Bislang, so wurde uns immer gesagt, hatten Atomwaffen die Funktion relativer Kriegsverhinderung, jetzt aber sollen sie der Kriegsführung und natürlich dem Gewinn eines Krieges dienen. Bisher konnten Atomwaffen politisch gerechtfertigt werden, jetzt werden sie »militarisiert«.

Solange atomare Bewaffnung der Abschreckung diente, war das »Gleichgewicht des Schreckens« die logische Konsequenz dieser Politik. Wenn aber atomare Bewaffnung der möglichen Kriegsführung dient, muß man zwangsläufig Überlegenheit anstreben. Ohne Abkehr vom bisherigen Weg wird es weder Rüstungsstopp noch gar Abrüstung geben. Bisher war militärische Überlegenheit unerheblich, jetzt wird sie notwendig. Das ist die neue, die eigentliche Gefahr.

Der Falkland-Krieg hat erneut bewiesen, daß die erste außenpolitische Maxime auch heute nicht Kriegsverhütung ist, sondern sogenannte nationale Souveränität und Machterhalt, notfalls auch mit den Mitteln eines Krieges. Wenn schon eine Art Operetten-Krieg geführt wird wegen der Falkland-Inseln, um wieviel höher ist dann die Kriegsgefahr, wenn es um Berlin, die indisch-pakistanische Grenze oder um wirtschaftliche Interessen in Nahost geht? Die künftigen Krisen werden wegen atomarer Erstschlagwaffen noch weit gefährlicher als die bisherigen. Jede künftige internationale Krise kann Auslöser des atomaren Holocaust sein; wer die erste Atomrakete abschießt, wird es tun, weil er glaubt, dem anderen zuvorkommen zu müssen. So führt die Politik der Erstschlagwaffen dazu, daß Angriff die einzige Form von »Verteidigung« scheint. Das Verrückte an unserer heutigen Situation ist, daß nicht mehr Angriffslust, sondern nur noch der Wille, überleben zu wollen, den Atomkrieg auslösen kann. Wer aber wollte nicht überleben, wenn er sich angegriffen fühlt? Gibt es auch nur *eine* außenpolitische Rede eines führenden Politikers der USA oder der UdSSR, aus der hervorgeht, daß man sich *nicht* bedroht fühlt? Wenn atomarer Holocaust droht, gibt es zwei Möglichkeiten: Man kann das Wettrüsten stoppen, wie es die amerikanische »Freeze«-Bewegung fordert, oder man kann sich auf den Atomkrieg vorbereiten, wie es die Regierungen in Washington und Moskau jetzt tun.

Die Vernichtung des Gegners

US-Verteidigungsminister Weinberger am 18. 6. 81 vor dem Council on Foreign Relations: »Wenn die Abschreckung versagt, müssen wir fähig sein zu gewinnen, um zu überleben.«
Vor Reagans Amtszeit haben US-Politiker Atomwaffen immer mit »Abschreckung« gerechtfertigt; jetzt aber soll der Atomkrieg möglich gemacht werden. Ziel des Atomkriegs: die Vernichtung des Gegners. Dasselbe Ziel nannte Breschnew kurz vor seinem Tod am 7. November 1982 in der ganz speziellen Sprache aller Friedenspolitiker: »Die Essenz unserer Politik ist Friedensliebe ... Der potentielle Aggressor soll wissen: Unabänderlich wird ihn ein vernichtender Vergeltungsschlag treffen.« Und Konstantin Tschernenko betont die Kontinuität der Politik seiner Vorgänger.
Nach den offiziellen Notstandsplänen der USA haben bei einem Atomkrieg 80 % ihrer Bürger eine Überlebenschance; 45 Millionen werden umkommen. Wenn in den USA 20 % der Bürger umkommen würden, wie viele würden es dann in Europa sein, dem Hauptschlachtfeld eines Atomkrieges? Für die Evakuierung der großen Städte sieht die US-Regierung sieben Tage vor. Müßte sich die Sowjetunion nicht sofort nach Beginn einer solchen Evakuierung in den USA zum Erstschlag provoziert fühlen, weil sie ihrerseits nicht tatenlos auf den US-Erstschlag warten möchte? Alle Versuche, einen Atomkrieg vorzubereiten, können zum Atomkrieg führen.
Die wichtigste Frage ist: Was geschieht, wenn die Abschreckung versagt? Die Repräsentanten beider Supermächte geben eine unmißverständliche Antwort: Dann gibt es Atomkrieg. Gestritten wird nur noch über das Ausmaß der Vernichtung. »Nur« 45 Millionen US-Bürger unter den vielen hundert Millionen Toten oder mehr?

Der Wiener Kardinal Franz König hat auch für die eventuell Überlebenden keinen Trost parat: »Die Lebenden werden die Toten beneiden.« Wenn die beiden Supermächte heute von Abrüstung sprechen, meinen sie immer die Abrüstung des andern; wenn sie von Sicherheit sprechen, meinen sie die eigene Sicherheit. Und wenn sie von Gleichgewicht sprechen, dann meinen sie die eigene Überlegenheit. Ist der ungebremste Ausbau der SS-20-Basen nicht der Beweis dafür, daß die Sowjets eine Situation der Überlegenheit anstreben, bei der der Westen erpreßbar wird? Und beweist die Absicht der USA, in diesem Jahrzehnt 17000 Atomsprengköpfe herzustellen, nicht ebenso das Streben nach Überlegenheit?

Mit dem »Gleichgewicht des Schreckens« war spätestens in dem Augenblick keine Politik mehr zu machen, als man sich nicht mehr darauf verständigen konnte, was Gleichgewicht ist. Breschnew sagte drei Tage vor seinem Tod zu sowjetischen Generälen: »Ihr werdet noch weit marschieren müssen.« Was heißt das im Atomzeitalter? Beide Seiten sagen Gleichgewicht und meinen Überlegenheit. Beide Seiten sagen Nachrüstung und meinen Vorausrüstung. Da die USA der Sowjetunion ökonomisch weit überlegen sind, wächst die Gefahr, daß die westliche Supermacht diese Überlegenheit auch militärisch nutzt und die östliche Supermacht sich in einem Verzweiflungsschlag dagegen zu wehren versucht, solange sie glaubt, sich noch wehren zu können. Carl Friedrich von Weizsäcker: Wenn man den russischen Bären in die Ecke treibt, ist die Gefahr groß, daß er springt. Und das hieße: Atomares Schlachtfeld Europa. Im Westen wird oft übersehen, daß die Sowjetunion allein vier anderen Atommächten gegenübersteht: den USA, Frankreich, England und China.

Die »Los Angeles Times« berichtete im Sommer 1982 von einem »strategischen Gesamtplan« der US-Regierung für einen längeren Atomkrieg. Als Verteidigungsminister Weinberger in einem Brief an 40 Zeitungen dazu Stellung nahm, beschrieb er allgemeine militärische und politische Grundsätze der NATO, vermied aber jede konkrete Stellungnahme zu diesem Plan, auch jedes Dementi. Offenbar gibt es US-Pläne für längere atomare Kriegführung. Schließlich hat auch US-Präsident

Reagan gesagt, er könne sich einen auf Europa beschränkten Atomkrieg vorstellen. Weinberger spricht von der »Möglichkeit einer überlebensfähigen und anhaltenden Erwiderung«. In seinem Brief hat Weinberger zwar geschrieben, in einem Atomkrieg gäbe es keine Sieger. Aber wenige Wochen zuvor hatte er vor dem Naval War College erklärt: »Erfolgreiche Abschreckung erfordert verantwortliche und wirksame Eventualpläne für den Fall, daß die Abschreckung versagt und wir angegriffen werden. In diesen Plänen planen wir nicht das Verlieren.« Es gibt also Pläne zum Führen und Gewinnen eines Atomkrieges!

Die Londoner »Times« zu den Widersprüchen Weinbergers: »Die Gefährlichkeit liegt darin, daß ein amerikanischer Präsident, der sich daran macht, die Russen zu überzeugen, daß er einen Atomkrieg für denkbar und gewinnbar hält, am Ende auch sich selber davon überzeugt, besonders wenn er ohnehin die Sowjetunion mit tiefer Feindseligkeit betrachtet. Dies könnte ihn in Versuchung führen, Risiken einzugehen, denen er sonst ausweichen würde.« Sollte es Reagan tatsächlich gelingen, die Sowjetunion davon zu überzeugen, daß die USA in absehbarer Zeit atomar wieder überlegen sein werden, entsteht dann nicht erst recht die Gefahr, daß die sowjetischen Führer plötzlich glauben, amerikanische Überlegenheit noch verhindern zu müssen, solange sie es können? Nach der gültigen Kriegsphilosophie wäre dieses Ziel jedoch nur mit einem Atomkrieg zu erreichen.

Caspar Weinberger unterstellt der Sowjetunion, ihrerseits einen Atomkrieg vorzubereiten und an einen möglichen Sieg zu glauben. In seiner Antwort in der »Zeit« fragt Theo Sommer den amerikanischen Verteidigungsminister lakonisch: »Selbst wenn die Sowjets alles tatsächlich vorbereiten und vorhätten, was Sie ihnen unterstellen – welchen Sinn ergäbe es, ihre Torheiten nachzuahmen?« Gleich am Beginn von Reagans Amtszeit hatte Weinberger vor dem Haushaltsausschuß des Kongresses erklärt: »Diese Regierung wird ihr militärisches Potential so vergrößern, daß sie jederzeit die Sowjetunion vor einem Weltkrieg abschrecken oder ihn führen kann.« Also doch: Oder ihn führen kann! Eugene Rostow war zur selben Zeit im außenpolitischen Ausschuß des Senats gefragt worden, ob ein Land einen Atomangriff überleben könnte. Seine Antwort: Japan habe nach dem nuklearen Angriff nicht nur überlebt, sondern sogar floriert! Rostow war damals der Chef der Rüstungskontroll- und Abrüstungsbehörde in Washington!

Wer sich einen begrenzten atomaren Krieg vorstellen kann, für den hat der Atomkrieg seinen Schrecken verloren, aber nur dann, wenn er außerhalb der Begrenzung lebt. Für viele europäische Ohren in Ost und West hören sich die zitierten Gespräche amerikanischer Politiker viel bedrohlicher an als für nordamerikanische Ohren. Noch bedrohlicher als die amerikanischen Sprüche sind für Westeuropa die schon längst stationierten SS-20-Raketen der Sowjetunion, weil sie einen begrenzten Atomkrieg möglich machen. Es gibt heute keinen Politiker, der einen Atomkrieg wünscht. Das darf man unterstellen! Aber es gibt Politiker in Moskau und Washington, die bereit sind, Atomwaffen einzusetzen, wenn sie sich bedroht fühlen. Selbst wenn die Gefahr eines Krieges objektiv nicht zu wachsen scheint, durch immer weitere Rüstung und Nachrüstung wächst auf beiden Seiten die Angst vor der Gefahr. Und es wächst die Bereitschaft, auf die Gefahr zu reagieren: mit Atomwaffen!

Falls ein Atomkrieg geführt würde, kann man ebenfalls allen Beteiligten den Wunsch unterstellen, diesen Krieg begrenzt halten zu wollen. Doch die Frage ist auch hier, ob sie das können! Davon abgesehen, daß für Deutsche auch der begrenzte Atomkrieg unvorstellbar bleiben muß – denn wir wären als geteiltes Land mit den meisten Atomwaffen hier und in der DDR auch am meisten betroffen – wenn ein atomarer Krieg erst einmal begonnen ist, wird nichts mehr sein wie vorher. Die Kriegführenden werden ihren Einsatz gegenseitig hochtreiben, denn genau so ist es ja auch geplant. Es wird schon deshalb kein Halten mehr geben können, weil ja jeder mit der Vernichtung dem anderen zuvorkommen möchte. Und in diesem Fall haben beide Seiten Vorkehrungen dafür getroffen, daß die Vernichtung komplett sein wird. Politiker, die den totalen Atomkrieg geplant und »geprobt« haben, werden kaum davon abzuhalten sein, ihn auch zu führen, wenn sie sich und ihre Macht bedroht fühlen. In Vietnam haben die USA noch weitergekämpft, als rein militärisch schon längst alles sinnlos war. Und die Sowjets besetzten Afghanistan mit der Begründung, es vor dem »Imperialismus« schützen zu müssen. Der Hinweis auf amerikanische Verbrechen in Vietnam rechtfertigt die sowjetischen Atomwaffen so wenig, wie der Hinweis auf sowjetische Verbrechen in Afghanistan amerikanische Atomwaffen rechtfertigt. Beim Tode Leonid Breschnews wurde unsere heutige Situation blitzlichtartig deutlich. Ronald Reagan versicherte: Die USA wollen Frieden, aber aus einer Position der Stärke. Und Jurij Andropow erwiderte am Tag darauf: Die Sowjetunion will Frieden, aber aus einer Position der Stärke.

Stärke ist für beide Seiten ein anderes Wort für Nachrüsten, Vorausrüsten, Weiterrüsten, Wettrüsten, Kriegsvorbereitung. Stärke ist für die nordamerikanische wie für die sowjetische Führung die Summe ihrer Vernichtungskapazität. Abrüstungsverhandlungen sind bis jetzt lediglich Opium für die nach Abrüstung verlangenden Menschen und dienen als trügerische Beruhigung. Diese Politik der Stärke kann nur zu mehr Konfrontation, niemals zu mehr Kooperation führen.

»Wir sind für die Abschaffung des Krieges, wir wollen den Krieg nicht; aber man kann den Krieg nur durch den Krieg abschaffen; wer das Gewehr nicht will, der muß zum Gewehr greifen« (Mao Tse-tung). Das ist die alte Politik der Stärke; sie hat fast immer zum Krieg geführt. Und fast alle Kriege wurden mit dem Streben nach Frieden gerechtfertigt. Nach dieser Philosophie der Stärke (»Wie du mir, so ich dir«) verhandelten die Supermächte jahrzehntelang ergebnislos. Der Krieg wurde nicht abgeschafft, sondern die Kriegsgefahr wuchs zur Vernichtungsgefahr. Noch jede Abrüstungskonferenz brachte im Ergebnis mehr Aufrüstung. Das ist schon seit über 100 Jahren so.

Der Diplomat Ernst Freiherr von Weizäcker, der 1932 an der Abrüstungskonferenz in Genf teilnahm, notierte bereits ein Jahr *vorher*: »Über die Erfolgsaussichten der Abrüstungskonferenz steht heute schon so viel fest, daß ein wirklicher Rüstungsabbau nicht kommt.« Von Weizäcker nannte die damalige Abrüstungskonferenz schon lange vor Beginn »die geplante Abrüstungslüge«.

Nichts widerspricht dem Geist der Bergpredigt und dem wahren Leben mehr als das Denken und Handeln in den Kategorien der Stärke. Bisher schien unsere Lage so, daß Atomwaffen einen Krieg in Europa verhindert haben. Jetzt aber wird immer deutlicher, daß der Atomkrieg lediglich aufgeschoben wurde. Die Vernichtung beginnt mit Worten.

Helmut Kohl gegen Nachrüstung?

Bundeskanzler Helmut Kohl sagte in seiner Regierungserklärung am 13. Oktober 1982: »Frieden schaffen ohne Waffen: Das ist ein verständlicher Wunsch, aber eine lebensgefährliche Illusion. Frieden schaffen nur durch Waffen: Das wäre eine tödliche Verblendung. Frieden schaffen mit immer weniger Waffen: Das ist die Aufgabe unserer Zeit.«
Ich stimme diesen Sätzen zu. Das ist ein Weg zur Abrüstung. Nur: Wer ihn für richtig hält, muß ihn auch gehen. Weg und Ziel sind hier identisch. Aber nur wenige Sätze später widerspricht sich der Bundeskanzler in derselben Regierungserklärung: »Die Bundesregierung steht uneingeschränkt zum Doppelbeschluß der NATO von 1979, der Verhandlungen über die Reduzierung und Begrenzung sowjetischer und amerikanischer nuklearer Mittelstreckensysteme bietet. Sie wird die Beschlüsse erfüllen und nach innen vertreten: den Verhandlungsteil und – wenn notwendig – auch den Nachrüstungsteil.«
Wer als »Aufgabe unserer Zeit« erkannt hat: »Frieden schaffen mit immer *weniger* Waffen«, darf nicht nachrüsten, denn Nachrüsten bedeutet *mehr* Waffen.
Ende 1982 wurde in der Bundesrepublik bereits mit den Vorbereitungen zur Nachrüstung begonnen. Im Wahlkampf 1983 vertraten Helmut Kohl und sein Vorgänger Helmut Schmidt die Position des Doppelbeschlusses. Jetzt wird nachgerüstet. Die Sowjetunion installiert neue Raketen in der DDR und in der ČSSR, und die USA werden wiederum antworten. Wir nähern uns so dem atomaren Holocaust mit beängstigender Zwangsläufigkeit.
»Ich sah, daß Hiroshima verschwunden war«, sagte der Ge-

schichtsprofessor Takenaka aus Hiroshima am Tag des Atombombenabwurfs.
Im atomaren Zeitalter kann jeder Augenblick unser letzter sein. Was für den Historiker Takenaka am 6. August 1945 galt, kann morgen für die Menschheit gelten. Nach dem globalen atomaren Holocaust wäre allerdings kein Leben mehr auf der Erde, sondern Totenstille überall, das Nichts. Wenn ich diese Zeilen schreibe, kann ich nicht ganz sicher sein, ob sie auch noch gedruckt werden können. Und zum Zeitpunkt ihres Druckes ist nicht sicher, ob sie von Ihnen, lieber Leser und liebe Leserin, auch noch gelesen werden können. Professor Takenaka hätte vermutlich vor dem August 1945 solche Gedanken ebenso weit von sich gewiesen, wie wir dies heute tun. Wir leben, als wüßten wir nichts. Aber kann eine Gesellschaft als psychisch gesund gelten, die vor ihrer möglichen Vernichtung die Augen verschließt?
Politiker wollen uns die Angst ausreden. Angst sei kein guter Ratgeber für die Zukunft. Es kommt darauf an, ob wir Gründe haben, uns zu ängstigen. Unbegründete Angst macht krank. Begründete Angst ist heilsam. Die Angst vor dem atomaren Holocaust ist begründet. Sie ist deshalb der beste Ratgeber für die Zukunft. Wer nachdenkt und Phantasie hat, den läßt die Angst vor der ungeheuren Zerstörungskraft der Bombe nicht mehr los. Nur das Wahrnehmen dieser begründeten Angst kann uns die Augen öffnen, damit wir nicht weiter blind auf den Abgrund zugehen. Mit dem Zünden der Hiroshima- und Nagasaki-Bomben hat die Menschheit bereits ihre atomare Unschuld verloren. Wir haben heute mehr als 20000 Megatonnen nukleare Explosionskraft, und täglich kommt neue hinzu. Eigentlich müßten wir Bescheid wissen. Peter Kern und Hans Georg Wittig haben in ihrer »Pädagogik des Atomzeitalters« die atomare Entwicklung seit 1945 an einem Vergleich deutlich gemacht. Wenn Ost und West heute atomare Zerstörungskapazitäten haben, die 1,6millionenmal stärker sind als die Bombe von Hiroshima, dann entspricht das »dem Verhältnis zwischen der Dicke eines Bleistifts und der Höhe des Mount Everest«. Carl Friedrich von Weizäcker schon 1976: »Der Dritte Weltkrieg ist wahrscheinlich.« Über einige Dutzend Terroristen in

den 70er Jahren geriet die Bundesrepublik in Aufregung, ja in Panik. Aber die Prognose des renommierten deutschen Friedensforschers, ein atomar geführter Weltkrieg sei wahrscheinlich, regte kaum jemanden auf.
Ein Dritter Weltkrieg ohne den Einsatz von Atomwaffen ist nahezu ausgeschlossen. Im voratomaren Zeitalter hatte jemand, der schrieb oder Politik machte, eine Perspektive, Gewißheit auf Zukunft und Dauer seiner Arbeit. Damit hatte auch sein Tun einen tieferen Sinn. Ähnliches empfinden wohl – meist unbewußt – Mütter und Väter und all die, die es werden möchten. Viele fragen sich: »Sind Kinder im Atomzeitalter noch verantwortbar?« Ja! Kinder sind eine starke Gegenkraft der Hoffnung, ein Ja zum Leben und eine Absage an die zunehmende Militarisierung unseres Daseins. Während ich dieses Buch schreibe, ist unsere Caren Maria geboren worden, der ich es zusammen mit ihrer Schwester Christiane widme. Wir haben unsere Kinder nicht geboren, damit sie im Atomblitz verglühen, und auch nicht, damit sie ein Leben lang in Angst vor der Atomwaffe leben müssen. Heute ist der Sinn unserer Tätigkeiten fragwürdiger; die Fristen werden knapper; die Menschen ungeduldiger: psychische Folgen des Atomzeitalters, die uns kaum bewußt sind.
Wer bisher ans Sterben dachte, wußte, daß er weiterlebt in der Erinnerung derer, die ihn kannten. Dieser Trost schwindet heute. Wir wissen nicht mehr, ob und wie lange überhaupt jemand weiterlebt. Wenn die Art zu sterben absurd wird, wird dann nicht auch die Art zu leben absurd? Haben die Jungen deshalb so viel Angst vor dem Leben, weil die Alten so viel Angst vor dem Tod haben? Der Kanzler hat viele gute Gründe gegen die Nachrüstung. Er sollte entsprechend handeln.

Mit Norbert Blüm in der DDR

Wie schwer sich Politiker mit Friedenspolitik tun, habe ich im September 1982 aus der Nähe erfahren. Wenige Tage, bevor Norbert Blüm Bundesminister wurde, waren wir privat einige Tage in der DDR. Wir wollten uns über die Friedensbewegung informieren, aber wir stritten ständig über Frieden. In Ostberlin diskutierten wir mit Professor Herbert Häber vom SED-Politbüro. »Sie haben mich immer auf Ihrer Seite, wenn es gegen die Nachrüstung der NATO geht«, sagte ich zum Kommunisten Häber, »aber es wäre hilfreich, wenn Sie Ihren Genossen in Moskau wegen der SS-20-Raketen die Leviten lesen würden.« Häber und Blüm verteidigten mit gleichlautenden Argumenten das atomare System des jeweils eigenen Lagers: Jeder warf dem anderen Vorrüstung vor. Der eine sprach von westlicher Überlegenheit bei Langstreckenraketen und der andere von östlicher Überlegenheit bei Mittelstreckenraketen. Des einen SS-20 waren des anderen MX. Waffentechnik und Waffenkürzel beherrschten die Diskussion, von bedrohten Menschen und Völkern war nicht die Rede. Ich bin sicher, daß man Völkerverständigung nicht technisch-militärisch erreichen kann. Wirkliche Verständigung zwischen den heutigen Blöcken kann es erst geben, wenn einer aufhört, der anderen Seite Angst zu machen. Wer aufrüstet, macht Angst, wer abrüstet, nimmt Angst.

Meine beiden Gesprächspartner waren natürlich für Frieden und Abrüstung. Aber jeder sagte, der andere habe vorausgerüstet und müsse mit Abrüstung beginnen. Als ich auf meinem Standpunkt beharrte, daß weder Ost noch West jetzt weiterrüsten oder nachrüsten dürften, und zwar völlig unabhängig von dem, was der andere tut, hatte ich beide Politiker gegen mich. Das war eine wichtige Erfahrung. In diesem Augenblick wurde mir nämlich klar, daß Politiker vor allem deshalb nicht abrüsten können, weil sie Angst haben vor Abrüstung und letztlich Angst vor dem Frieden. Das Feindbild sitzt so tief, daß es gar nicht mehr bewußt ist. Das will natürlich keiner wahrhaben, aber es ist so. Jeder braucht den anderen als Feind. Das gilt für meinen Freund Norbert Blüm ebenso wie für den geschätzten Gesprächspartner der SED.

Nichts fällt uns Menschen so schwer, wie uns Dinge bewußtzumachen, die uns daran hindern, menschlicher zu werden. Die Angst der Politiker vor dem Frieden hat Bertrand Russell mit einem schönen Beispiel beschrieben: »Ich habe einmal einen Esel besessen, der in einem Schuppen hauste. Der

Schuppen geriet in Brand. Mehrere kräftige Männer mußten sich anstrengen, um den Esel in Sicherheit zu bringen. Hätte man ihn sich selbst überlassen, er wäre vor Schreck erstarrt und verbrannt. Die Situation der Großmächte heutzutage ist eine ganz ähnliche. Dies gilt besonders für die Frage der Abrüstung.«
Der verblendete Esel hat sein wahres Sicherheitsinteresse nicht beachtet. Er war blind gegenüber der tödlichen Gefahr. Auch viele Politiker sind so sehr durch Haß verblendet, daß sie den gemeinsamen Feind, die Atombombe, nicht sehen. Ihre Herzen sind blind.

Vor der Begegnung mit dem SED-Politiker waren wir bei Pfarrer Rainer Eppelmann in Ostberlin. Er hatte zusammen mit Robert Havemann kurz vor dessen Tod den »Berliner Appell: Frieden schaffen ohne Waffen« verfaßt. Der junge Eppelmann und der alte Havemann sind die Geburtshelfer der Friedensbewegung in der DDR. Die Friedensfrage hatte den idealistischen Christen Eppelmann und den humanistischen Kommunisten Havemann zusammengeführt. Die westdeutsche Friedensbewegung propagiert den Spruch: »Stell dir vor, es ist Krieg, und keiner geht hin.« Eppelmann hatte auf sein Garagentor gepinselt: »Stell dir vor, es ist Frieden, und die da oben merken es nicht.«

Weder Reagan noch Tschernenko, weder Schmidt noch Kohl, weder Blüm noch Häber wollen Krieg. Aber das sagt nicht viel. Albert Einstein: »Bloßes Lob des Friedens ist einfach, aber wirkungslos. Was wir brauchen, ist aktive Teilnahme am Kampf gegen den Krieg und alles, was zum Krieg führt.«

Fast alle Politiker, die bisher Krieg geführt haben, waren verbal für Frieden. Die meisten Kriege waren scheinbar nicht gewollt, aber sie wurden trotzdem geführt. Hitler war eine Ausnahme – er wollte Krieg. Unsere Sprache verrät, daß wir für Kriege niemanden verantwortlich machen: Kriege brechen einfach aus. Wir reden über Kriege wie über Naturgewalten oder über ein Schicksal, das eine höhere Macht über die Menschen verhängt hat.

Wichtig ist also nicht, wie Politiker über Frieden reden, wichtig ist allein, was Politiker für den Frieden *tun*.

Alle reden von Abrüstung

Verräterisch in Gesprächen mit Politikern in Ost und West ist immer wieder das Wort »eigentlich«. *Eigentlich* sind alle für Abrüstung, aber »die Kommunisten«, »die Kapitalisten«, »unsere Schutzmacht« und die immer wieder bemühten »Sachzwänge« hindern sie dann doch, ihre edle Gesinnung in Taten umzusetzen. Wenn wir uns aber von der atomaren Sache zwingen lassen, Dinge zu tun, die wir *eigentlich* nicht wollen, dann werden wir irgendwann einmal auch zum Krieg gezwungen, den wir natürlich und *eigentlich* erst recht nicht wollen. Die Sowjets wollen *eigentlich* Abrüstung, und die USA wollen *eigentlich* Abrüstung. Aber sie rüsten immer weiter auf. Mit Verweis auf den anderen macht jeder das, was er am anderen verurteilt. Ich weiß ja auch nicht, wer nun ein paar Raketen mehr hat. Aber ich weiß, daß es darauf auch seit langem nicht mehr ankommt. Wenn jeder den anderen dutzendmal umbringen kann, dann ist *jede* Form von Nachrüstung absurd. Was den Fachleuten in Ost und West dazu an Rechtfertigung einfällt, ist nicht mehr überzeugend. Es gibt keine Rechtfertigung dafür, den Untergang der Menschheit und ihres Planeten vorzubereiten. Die Drohung mit Vernichtung ist zweifelsfrei gegen den Geist der Bergpredigt. Die Atombomben der Sowjetunion werden nicht dadurch ungefährlich, daß sie durch neue Atombomben der USA kompensiert werden. Die Atombombenpolitik des einen spiegelt die Atombombenpolitik des anderen wider. Die Bomben der Sowjetunion bedrohen die Menschheit heute nicht weniger als die Bomben der USA. Beide Supermächte zündeln an der Lunte *eines* atomaren Pulverfasses, das heute die *eine* Welt bedroht. Beide können die Menschheit vernichten.

Wenn jetzt trotz allem nachgerüstet wird, dann werden immer mehr Westdeutsche innerlich aus der NATO aussteigen, so wie immer mehr Ostdeutsche innerlich aus dem Warschauer Pakt, wenn die Sowjets ihre SS-20 nicht verschwinden lassen. Der Ausstieg aus der Blockideologie ist dann die einzige Chance, daß Deutschland nicht Schießplatz der Supermächte wird. Das atomare Pulverfaß, auf dem wir sitzen, hat zwei Lö-

cher: eines im Osten und eines im Westen. Wenn der Osten neuen Sprengstoff nachschiebt, glaubt auch der Westen nachschieben zu müssen und umgekehrt. Das kann gar nicht mehr lange gutgehen. Ich habe kein Vertrauen mehr in die Unfehlbarkeit derer, die uns sagen: »Wir haben alles fest im Griff.« Ich vertraue auf deren Fehlbarkeit. Wer in unserer atomar verseuchten Welt noch immer weiter aufrüsten und nachrüsten will, dessen Politik verdient unser Vertrauen nicht mehr. Helmut Gollwitzer: »Wer auf dem Pulverfaß schläft, ist mitschuldig, wenn es schließlich explodiert und alles Leben zerstört. Wer aufsteht und Hand anlegt, daß es weggeräumt wird, der praktiziert Ostern.«
Kurz bevor ich mit Norbert Blüm in die Bundesrepublik zurückkehrte, besuchten wir Bischof Krusche in Magdeburg. Er schilderte uns den Kampf der evangelischen Kirche in der DDR gegen atomare Rüstung. Mir wurde bei dieser Begegnung endgültig klar, gegen wen wir unsere Nachrüstung eigentlich richten: nicht nur gegen die Kreml-Führer und gegen Erich Honecker persönlich, sondern gegen die vielen Millionen Bürger in Osteuropa, deren Friedenssehnsucht so groß ist wie die Friedenssehnsucht hierzulande. Unsere Nachrüstung richtet sich zum Beispiel gegen Millionen evangelischer Christen in der DDR, gegen Millionen Katholiken in Polen und gegen Millionen orthodoxer Christen in der Sowjetunion, ebenso wie gegen Millionen Atheisten. Wir richten Atomraketen gegen Millionen Menschen, die so sehr den Frieden wollen wie wir auch. Sind wir noch glaubwürdig, wenn wir uns für Menschenrechte in Osteuropa stark machen, aber zugleich Osteuropa mit Vernichtung durch Atomwaffen drohen? Wir übersehen, daß wir durch unsere Pläne zur Verteidigung der Freiheit die Vernichtung von Millionen Menschen in Kauf nehmen.
Wir hoffen, durch ihre Vernichtung ein System zu vernichten, das uns feindlich gesinnt ist und sie unterdrückt. Zuerst haben ihnen ihre Unterdrücker ihre Rechte genommen, und nun drohen wir auch noch, ihnen das Leben zu nehmen – im Namen der Freiheit!
Die Abschreckungspolitik kann heute keine Verteidigung im Falle eines Angriffs versprechen. Sie kann nur versprechen,

daß Millionen vernichtet werden, falls wir vernichtet werden. Also nicht Verteidigung oder Rettung ist gewährleistet, sondern die Vernichtung. Wir wollen der Vernichtung entgehen, indem wir die Vernichtung vorbereiten und mit Vernichtung drohen. Unser Drohen provoziert aber ständig neue Drohungen des Gegners. Das Paradoxon ist unauflösbar. Mit dieser Doktrin werden wir die Bomben nicht los, sondern wir verinnerlichen sie. Wir fangen an, an die Bombe zu glauben.
Sind wir im Westen wirklich frei, wenn wir uns nicht gegen jede weitere Eskalation atomarer Rüstung zur Wehr setzen – in unserem Interesse, aber auch im Interesse derer in Osteuropa, die viel mehr Mut brauchen als wir, um gegen den Rüstungswahn ihrer Obrigkeit zu protestieren?

Angst vor dem Frieden

Ich schreibe dieses Buch auch, um mich bei den Menschen zu entschuldigen, die wir bedrohen. Ich war zu lange bereit, nicht nur meinen, sondern auch ihren Tod in Kauf zu nehmen – aus vermeintlichen Sicherheitsgründen. Ich bitte um Verzeihung.
Unser Sicherheitskomplex redet uns ein, daß immer mehr Waffen den Frieden sicherer machen. Der Sicherheitskomplex läßt uns sagen: *Eigentlich* sind wir ja gegen immer mehr Waffen, aber leider zwingen uns die Kommunisten zur Aufrüstung und Nachrüstung. Der Sicherheitskomplex bietet uns die scheinbare Rechtfertigung für die Planung von Massenmord, Selbstmord und Vernichtung jeden Lebens. Von diesem Sicherheitskomplex sind nicht nur Politiker befallen, sondern alle, die Politiker einfach weiterrüsten lassen. *Wir planen den Selbstmord aus Angst vor dem Frieden.* Wir sind so irrational auf den äußeren Feind, den Feind *um* uns, fixiert, daß wir den inneren Feind, den Feind *in* uns, gar nicht wahrhaben können. Voraussetzung für Frieden *um* uns ist aber Friede *in* uns. »Richtet nicht, damit ihr nicht gerichtet werdet«, sagt Jesus. Unsere moralische Überheblichkeit gegen Kommunisten verstellt uns den realistischen Blick für die eigenen atomaren Sünden. Christen, die Liebhaber des Friedens sein wollen, stehen im Atomzeital-

ter vor dieser Frage: Glaube an Gott oder Glaube an die Bombe? Wer an den Gott Jesu, an den Gott der Liebe glaubt, kann nicht an die Bombe glauben. Unser Vertrauen in die Sicherheit bietende Bombe wuchs, wie unser Glaube an Gott geschwunden ist.

Der barmherzige Samariter wird von Jesus nicht deshalb selig gepriesen, weil er einem Verletzten geholfen hat, sondern weil er zu seinem Feinde barmherzig war. Atomare Rüstung aber ist kollektive Unbarmherzigkeit, kollektiver Feindeshaß. Atomares Wettrüsten ist ein Ausdruck unserer kranken Seelen. Warum soll das nur für den Osten gelten? Ende Dezember 1982 sagte Helmut Kohl, die Sowjets müßten begreifen, daß man mit immer mehr Waffen keinen Frieden schaffen könne. Natürlich wäre es schön, wenn die Sowjetunion das begreifen würde. Aber warum denn um alles in der Welt soll das nur die Sowjetunion begreifen? Wer ist denn z. Z. dabei nachzurüsten? Merken die Politiker wirklich nicht, was sie da sagen? Das ideologische Etikett, das sich die Wettrüster geben, ob christlich oder kommunistisch, sagt gar nichts. Entscheidend ist ihr Tun. Einer muß anfangen aufzuhören: wenn nicht der Osten, dann der Westen; wenn nicht der Westen, dann der Osten. Daß einer anfängt aufzuhören, das ist die »letzte Intelligenzprüfung der Menschheit« (Heinz Haber). Wenn wir diese Prüfung nicht bestehen, dann gibt es keine weiteren Prüfungen mehr.

Bischof Krusche erzählte uns, wie er von der SED-Kreisleitung gerügt wurde, weil vier Jugendliche bei einem Friedensschweigemarsch brennende Kerzen getragen haben. »Das darf sich nicht wiederholen«, wurde ihm beschieden. »Bei uns darf man so etwas, unser System ist doch das bessere«, meinte Norbert Blühm später im Auto. Natürlich darf man das bei uns. Diese Rüge für Bischof Krusche ist ja auch nicht gerade ein Hinweis auf die Überlegenheit des real existierenden Sozialismus, sondern ein Hinweis auf seine Schwäche und seine Ängste. Dieses Beispiel macht deutlich, wie schwierig es ist, mit einer Regierung in Frieden zu leben, die Angst hat vor vier brennenden Kerzen oder Angst hat vor einem Stückchen Stoff, auf dem steht: »Schwerter zu Pflugscharen.« Es ist sicherlich schwer, wirkliche Abrüstung zu erreichen mit Machthabern,

deren Sicherheitskomplex sie innerlich zerfrißt, aber nichtsdestoweniger ist es notwendig.
Aggression gegen Friedenswillige gibt es auch bei uns. Man denke an die vielen unqualifizierten und dümmlichen Bemerkungen führender Bonner Politiker. Die Aggressionen hierzulande sind subtiler und kommen oft unter einem Mäntelchen scheinbarer Toleranz daher.
Bei der CDU-Friedensdemonstration am 5. Juni 1982 im Bonner Hofgarten hatte ich für REPORT eine Gruppe der Jungen Union gefilmt, die fünf Tage später auch an der Friedensdemonstration der Friedensbewegung teilnahm. Die Junge-Union-Mitglieder trugen an beiden Veranstaltungen dieselben Transparente: »Keine Waffen für die Dritte Welt«, »Friede beginnt innen«, »Schwerter zu Pflugscharen« und »Waffen machen nicht satt«. Bei beiden Demonstrationen hörten die jungen Leute als erstes: »Ihr seid wohl auf der falschen Demonstration.« Kein Regisseur hätte die Szene für einen Film besser erfinden können. »Ihr seid fünf Tage zu früh«, hörten die jugendlichen CDU-Mitglieder bei der CDU-Kundgebung, und »Ihr seid wohl fünf Tage zu spät« hörten sie bei der Friedensbewegung. Bei der CDU wurden ihnen sogar die Transparente heruntergerissen von Teilnehmern, die nur Transparente für den NATO-Doppelbeschluß als Friedenstransparente gelten lassen wollten. Als ich die Szene filmte, wurde mir zugerufen: »Verkappter Kommunist!«, »Gehen Sie doch zum Ost-Fernsehen!«. Die Junge-Union-Mitglieder verwiesen schließlich auf ihre CDU-Mitgliedschaft. »Werdet nicht frech!« hörten sie daraufhin. Die Angst vor dem Frieden sitzt tief.
Der Hinweis auf die Bergpredigt kann heftige Aggressionen auslösen. Wie wäre es wohl Jesus ergangen, hätte er auf der Veranstaltung einer C-Partei, die sich auf ihn beruft, im Geiste der Bergpredigt geredet? Wer Angst hat vor Friedensdemonstranten hier und wer Angst hat vor »Schwerter zu Pflugscharen« drüben – um wieviel mehr Angst hat der vor einem wirklichen Frieden? Haupthindernis für Frieden ist, daß sich die meisten Frieden zwischen Ost und West noch gar nicht vorstellen können. Viele Politiker überlegen, wie sie dem an-

deren durch Nachrüstung Angst machen können, weil sie selbst Angst vor dem Frieden haben. Oder fehlt es ihnen nur an Phantasie?
Friedensfördernd wäre jedoch die Frage: Wie kann ich dem anderen, der vor mir Angst hat, so wie ich vor ihm Angst habe, seine Angst nehmen? Unser Hauptproblem darf nicht länger sein, wie ich mich vor meinem Feind schütze. Unser Hauptproblem muß werden, wie ich meinen Feind vor mir schütze. Das wäre intelligente Feindesliebe. Wir kommen dem Frieden nur näher, wenn wir moralische Überheblichkeit ablegen. Wir müssen begreifen, daß unsere bisherige politische Ethik weitgehend eine Zeigefinger-Ethik war, mit der wir immer nur auf das Böse im anderen gezeigt und dabei das Böse in uns übersehen haben.

CDU Ost und CDU West

Sechs Wochen nach unserm Gespräch in der DDR hatte die CDU Ost in Dresden einen Parteitag. Dresden ist das deutsche Hiroshima. Die Stadt wurde 1945 fast völlig zerstört. Und in dieser Stadt verteidigte der Vorsitzende der anderen CDU, Gerald Götting, im Herbst 1982 »seine« Atombomben: Die Freundschaft mit der Sowjetunion ist Grundlage unseres Staates; die CDU Ost kämpft gegen die NATO-Nachrüstung; bei den Abrüstungsgesprächen darf man Ost und West nicht auf eine Stufe stellen; Gefahr droht nur vom westlichen Imperialismus; aus dem Osten kommt der Frieden.
Wenn ich mir in dieser Rede »Ost« und »West« ausgetauscht denke, dann habe ich die Rede, die meine Parteifreunde hierzulande halten: Die Gefahr kommt aus dem Osten; Grundlage unserer Politik ist die Freundschaft mit den USA; die CDU-West kämpft gegen die sowjetische Vorrüstung ...
Erich Honecker sagte: Die nationale Volksarmee ist eine Friedensbewegung. Und Norbert Blüm meinte während unserer Rückfahrt: Die Ost-CDU sei total von Moskau abhängig. Das glaube ich auch. Wahrscheinlich ist die Ost-CDU von Moskau noch abhängiger als die West-CDU von Washington.

Viele Argumente der offiziellen Politiker, die heute in Deutschland Ost und in Deutschland West zur Rüstung benutzt werden, sind austauschbar. Bonn und Ostberlin sind sicher an einem Erfolg der Genfer Abrüstungsverhandlungen interessiert. Aber weder Bonn noch Ostberlin ist bereit, bei einem Scheitern in Genf die Konsequenzen aus der tödlichen Zwangsläufigkeit des Wettrüstens zu ziehen. Für beide deutschen Regierungen hat Bündnistreue absoluten Vorrang. Auch angesichts wirtschaftlicher Schwierigkeiten und zunehmender Staatsschulden wird in beiden Deutschländern die Frage möglicher Minderung der Rüstungsausgaben nicht ernsthaft diskutiert. Die organisierte Friedlosigkeit wird weiter gepflegt auf Kosten wirklicher Sicherheit durch Abrüstung. Ist es wirklich unser nationales Interesse, daß wir uns weiterhin den Vorstellungen der atomaren Supermächte unterordnen? Die Gefahren für beide deutsche Staaten heißen in den 80er Jahren nicht mehr »Kommunismus« oder »Kapitalismus«. Es bedrohen uns gemeinsam Atombomben, die Ost und West aus Unwissenheit übereinander und aus Haß gegeneinander gebaut haben und so lange bauen wollen, bis wir es nicht mehr zulassen. Atombomben sind keine Angelegenheit »kapitalistischer« oder »sozialistischer« Politik. Atombomben kann man auch nicht mit Klassenkampftheorie von links oder rechts bekämpfen. Der Kampf gegen den Atomtod ist kein Kampf zur Rettung einer Klasse, sondern zur Rettung der Menschheit.
Kanzler Kohl und Verteidigungsminister Wörner stellten im November 1982 nach einem Gespräch mit dem NATO-Oberbefehlshaber, dem amerikanischen General Rogers, die »volle Übereinstimmung mit den USA über die NATO-Strategie« fest. Kurz zuvor hatte Rogers vor Journalisten in Hamburg erklärt: »Weil wir Versäumnisse im konventionellen Bereich haben, müssen wir im Konfliktfall sehr schnell Atomwaffen einsetzen.« Es ist nicht schwer, sich vorzustellen, in welchem Land wohl diese Atomwaffen zuerst eingesetzt werden sollen. Kann es jemals deutsches Interesse sein, das atomare Schlachtfeld der Großmächte zu werden?
Wer es mit deutscher Wiedervereinigung ernst meint – in welcher Form auch immer –, muß alles unterstützen, was die

Emanzipation beider deutscher Staaten von ihrer jeweiligen Supermacht fördert. Dieser emanzipatorische Prozeß – gegen niemanden gerichtet – könnte vernünftigerweise bei der Rüstung beginnen. Erst eine Befreiung aus der atomaren Geiselnahme der Supermächte bringt die deutsche Frage wieder auf die Tagesordnung der Geschichte. Daß Wettrüsten Deutschlandpolitik und Friedenspolitik in Europa erschwert, hat Konrad Adenauer schon am 14. August 1961 in einer Rede in Regensburg festgestellt: »Bitte denken Sie einmal zurück, welche Beweggründe Stalin dazu gebracht haben, sich diese ganzen Satellitenstaaten vor Sowjetrußland hinzulegen, Jugoslawien, Bulgarien, Rumänien, Ungarn, Polen, Tschechoslowakei bis zur DDR. Weil er fürchtete, daß eines Tages Rußland von Westen her angegriffen werden würde, wollte er dafür sorgen, daß in diesen Ländern und nicht in Sowjetrußland die entscheidenden Schlachten eines solchen Krieges sich abspielen. Denken Sie daran, daß damals Sowjetrußland noch keine nukleare Bewaffnung hatte, die ja das ganze Bild verändert hat, das ganze Bild eines etwaigen zukünftigen Krieges total verändert hat. Wenn durch eine *kontrollierte Abrüstung* diese Gebiete den Zweck, den Stalin ihnen beigelegt hat, nicht mehr zu erfüllen brauchen, dann, das ist meine feste Überzeugung, ist auch der Zeitpunkt gekommen, da unser Land Deutschland von seiner Zweiteilung erlöst und wieder ein einiges, ein großes Deutschland wird.«
Adenauer vertrat schon Anfang der 60er Jahre die realistische These, daß die heutigen Militärdoktrinen dem Frieden in Zentraleuropa und einer Wiedervereinigung Deutschlands entgegenstehen. Ohne ein atomwaffenfreies Europa wird es kein wiedervereinigtes Deutschland geben.

Mißbrauch der Bergpredigt

1975 erschien in der Schweiz ein »katholischer Katechismus«. Darin heißt es: »Sind die Anweisungen in der Bergpredigt wörtlich zu nehmen? Die Anweisungen in der Bergpredigt sind nicht wörtlich zu nehmen, weil das sowohl im privaten wie öffentlichen Leben zu unhaltbaren Zuständen führen würde.«

Hier – in einem »katholischen Katechismus« – wird Jesus zum Deppen erklärt, in Namen des Christentums.

In der Politik wie im Privatleben sind wir häufig noch auf der Stufe des Alten Testaments: »Aug um Aug, Zahn um Zahn«, »Wie du mir, so ich dir«, »Heimzahlen mit gleicher Münze«. Das ist noch weitgehend das Niveau unserer heutigen christlich genannten Ethik.

Der Gedanke der Verhältnismäßigkeit ist bis in unsere heutige Rechtsprechung gültig geblieben. Jesus aber hat dieses Gesetz geregelter Vergeltung durchbrochen. Er will etwas radikal Neues. Er hat vor 2000 Jahren entschieden fortschrittlicher gedacht, als wir heute denken: keine Rache, sondern Liebe, sogar Feindesliebe. Vom Limburger Bischof Franz Kamphaus hörte ich davon etwas auf dem Katholikentag 1982 in Düsseldorf: »Was kann ich tun, damit der Gegner (Feind) nicht Gegner bleibt, sondern Friedenspartner wird? Er kann mir ja nicht gestohlen bleiben, er ist wie ich von Gott geliebt.«

Wer dieser Interpretation der Bergpredigt zustimmt, darf der noch länger Atomraketen auf seine Feinde richten?

Präsident Reagan hat im Sommer 1982 im Pentagon an einem militärischen Planspiel teilgenommen. Geübt wurde der atomar geführte Dritte Weltkrieg. Reagans anschließende Bemerkung vor Journalisten war aufschlußreich: »Ich bete dafür, daß ich diese schrecklichen Atomwaffen nie einsetzen muß.« Des Präsidenten Betroffenheit ist sicher echt. Hatte er doch soeben bei einem »atomaren Szenarium« geübt, viele Millionen Menschen zu töten. Aber solche Betroffenheit bleibt folgenlos, wenn dann doch nachgerüstet werden soll. Demonstration von Betroffenheit ist kein Ersatz für Abrüstung und kein wirklicher Beweis für Friedensfähigkeit. Für Buchstabenglaube und religiöse Formeln steht bei Jesus die Religion der Pharisäer. Bei Jesu Versuchung ist gar der Teufel der Vertreter des Buchstabenglaubens. Jesus: »Wer aber meine Worte hört und nicht danach handelt, ist wie ein unvernünftiger Mann, der sein Haus auf Sand baute.« Man kann die Bergpredigt in einem Wahlkampf mißbrauchen, man kann sie aber

auch durch Nichtbeachten und durch Nichternstnehmen mißbrauchen.
Die Bergpredigt läßt an ihrer Verbindlichkeit für alle, die Jesus nachfolgen wollen, keinen Zweifel. Gefordert sind von Christen nicht Worte, sondern Taten – nicht »imitatio« Christi, sondern Nachfolge. Die schiere Verehrung Christi führt häufig dazu, daß das Vorbild auf den Sockel gestellt oder über die Wolken projiziert wird. So wird Jesus vielleicht zwar zum Kultobjekt am Sonntag, hat aber für den Alltag, den Beruf und die Politik von Christen keine Bedeutung. Wer dafür betet, daß er »schreckliche Atomwaffen nie einsetzen muß«, schiebt schließlich die Verantwortung für einen eventuellen Einsatz von Vernichtungswaffen Gott in die Schuhe. Gott als Sündenbock für die schrecklichste Tat der Menschheitsgeschichte – und das Ganze religiös verbrämt! Religion als Opium! Religion als Verschleierung des Verbrechens! Das ist genau die Art von »Religion«, die dazu führt, ein Atom-U-Boot »Corpus Christi« zu taufen: Gotteslästerung im Namen Gottes. Die Bergpredigt ist auch eine Anleitung zur Skepsis gegenüber dem, was Politiker sagen. Im Februar 1981 berichtete die »Frankfurter Rundschau« über eine Tagung in Ludwigshafen. Dort hatte ein General a. D. gesagt, als aktiver Christ könne er es ethisch rechtfertigen, nach einem vorausgegangenen Angriff einen vernichtenden atomaren Schlag gegen Länder des Warschauer Paktes zu führen, selbst wenn dieser Vernichtungsschlag nur noch reine Vergeltung wäre und dabei Millionen Unschuldiger den Tod fänden. Denn die Freiheit sei das höchste Gut. Auch Priester würden ihn in dieser Auffassung bestärken.
Viele berufen sich auf Jesus, aber sie merken gar nicht, daß sie ihn kreuzigen, während sie ihm angeblich nachfolgen. Dies ist ein unchristliches Christentum. Wer sich an Jesus orientiert und nicht an irgendwelchen Projektionen auf Jesus, muß ohne jede theologische Schnörkelei, ohne Wenn und Aber feststellen: Ein Atomkrieg ist niemals, unter gar keinen Umständen, ethisch zu rechtfertigen. Ein Atomkrieg ist unchristlich. Das gilt für den Erstschlag, und das gilt für den Vergeltungsschlag. Der traditionellen Rechtfertigung der *Produktion* von Atomwaffen – zum Beispiel in den Heidelberger Thesen evangeli-

scher Christen 1959 – lag die Idee zugrunde, damit könne man Kriege verhindern. Eine ethische Rechtfertigung für den *Einsatz* von Atombomben kann es nicht geben.
Aber seit in Ost und West Politiker und Militärs über einen »begrenzten Atomkrieg«, über einen »gewinnbaren Atomkrieg« und über »atomaren Erstschlag« spekulieren, kann auch die alte Rechtfertigung für die Produktion von Atomwaffen nicht mehr gelten. Seit das Undenkbare denkbar geworden ist, ist auch die Produktion von offensiven Massenvernichtungswaffen eine Versuchung Gottes. Ich kann nicht beten: Herr schenke uns den Frieden des atomaren Gleichgewichtes. Durch Gebet die Gefahr des Atomkriegs wegzaubern zu wollen und gleichzeitig die Verantwortung für immer mehr und immer bedrohlichere Massenvernichtungswaffen zu übernehmen hat viel mit Geisterbeschwörung, aber nichts mit Jesus von Nazaret zu tun. Wer moralisiert, kann nicht moralisch handeln. Wenn Anbetung mit Nachfolge verwechselt wird, dann wird Religion zur »Super-Projektion« (Hanna Wolff), zum Schutzschild, hinter dem man alles treiben kann. Diese »Religion« schläfert das Gewissen ein, anstatt es zu schärfen. So wird sich niemals etwas ändern. »Glaube« ist kein Ersatz für richtiges, verantwortliches Handeln. Ein sentimentalisierter Glaube, der unverantwortliches Handeln fördert und verantwortliches Handeln verhindert, ist eine moderne, natürlich unbewußte Kreuzigung.
In Königsberg, auf dem Grabstein Julius Rupps, eines 1848er Demokraten, hat Carola Stern diese Inschrift entdeckt: »Wer nach der Wahrheit, die er bekennt, nicht lebt, ist der gefährlichste Feind der Wahrheit selbst.«
Die Wahrheit der Bergpredigt ist nicht nur die Wahrheit, sondern auch das Leben. Jesus: »Ich bin der Weg, die Wahrheit und das Leben.« Bei Jesus sind die schlimmsten diejenigen, die so tun, als ob: Heuchler, Nattern und Schlangenbrut nennt er sie. Christen, die nicht nach der zentralen Forderung Jesu, der Feindesliebe, zu leben versuchen, sind selbst die größten Feinde der Bergpredigt.
Wer aber praktiziert Feindesliebe konsequent? Wer kann hier den ersten Stein werfen? Fast alle Menschen sind innerlich zerrissen, bestehen aus Gutem und Bösem, wollen eigentlich Frie-

den und schaffen häufig Unfrieden. Unsere einzige Chance ist: die Zerrissenheit erkennen, das Böse in uns nicht auf andere projizieren, sondern bescheiden an seiner Überwindung arbeiten. Menschsein heißt Menschwerden. Sündenbewußtsein ist die Voraussetzung jeder Umkehr. Jesus ist eindeutig: »Nicht jeder, der zu mir sagt: Herr! Herr!, wird in das Himmelreich kommen, sondern nur, wer den Willen meines Vaters im Himmel erfüllt.«

Die Geschichte, auch und gerade die Geschichte des Christentums, ist voller Beispiele dafür, daß noch die größten Verbrechen religiös verbrämt werden. Religion als Tünche benutzen und benutzten auch Hitler und Chomeini, Ghaddafi und Pinochet, Begin und Arafat.

C. G. Jung: »Christus kann bis zur Stigmatisation nachgeahmt werden, ohne daß der Nachahmende auch nur annähernd dem Vorbild und dessen Sinn nachgefolgt wäre.« Vielleicht ist dies die Tragik der christlichen Religionen – zumindest in den Industriestaaten: Sie erreichen die Seelen der meisten Menschen nicht mehr. Sie erzeugen allenfalls noch die Illusionen eines geglaubten Glaubens, einer sentimentalisierten Liebe, eines scheinbaren Friedens. Daraus resultiert dann die Politik eines krankhaft guten Gewissens ohne jedes soziale Sündenbewußtsein. In den Industriestaaten hat Religion einen neuen Namen: Ökonomie. Wo als erfolgreich nur gilt, wer viel Geld verdient; wo wirtschaftliches Wachstum wie eine Religion angebetet wird; wo die Ware das Wahre verdrängt hat – da hat wahre Religion, da hat der wahre Gott keinen Platz mehr. Selbst in der Papst-Enzyklika »Laborem Exercens« kommt auf 109 Seiten das Wort »Seele« nicht vor. Und eine Enzyklika ist immerhin ein richtungweisendes Schreiben des ersten Seel-Sorgers der größten christlichen Kirche. Wo die Seele vergessen wird, hat Religion keine Chance, sie verkommt zum Formelkram, wovor Jesus gewarnt hat.

Im »aufgeklärten« Christentum spielt die Seele eine derart unbelichtete Rolle, daß man ihr kaum noch etwas Böses und schon gar nichts Gutes mehr zutraut – aber wie wir die Schönheit der Sonne nur über unsere Augen wahrnehmen können, so können wir Gott nur über unsere Seele erfahren.

Ich hatte einmal davon geträumt, daß sich Papst Johannes Paul II. mit der Psychologie C. G. Jungs beschäftigt. Und etwa 14 Tage danach las ich seine Erklärung zum Weltfriedenstag am 1. Januar 1982. Dort sagt der Papst tatsächlich, daß die psychologischen Erkenntnisse unserer Zeit wichtig seien für die Friedensforschung. Ein Hoffnungsschimmer! Wer die Gottesebenbildlichkeit des Menschen ernst nimmt, weiß um die Verwandtschaft seiner Seele mit Gott und versucht entsprechend zu leben, das heißt zu handeln.
Der Bau atomarer Angriffswaffen ist Ausdruck modernen Heidentums, auch wenn sich dafür verantwortliche Politiker, Wissenschaftler und Militärs noch so eifrig zum Christentum bekennen.
Die Produktion atomarer Waffen und die Drohung damit ist bei Christen allenfalls Ausdruck eines »geglaubten Glaubens«, aber nicht Ausdruck eines »gelebten Glaubens« (Johann Baptist Metz).
Wer heute noch für Atomwaffen eintritt, dessen Seele ist vom Geist Christi unberührt, es herrscht finsteres Heidentum in ihm. Geglaubten Glauben gab es in Deutschland auch während der Nazi-Zeit. Die Kirchen waren voll, aber die Herzen der Glaubenden kaum widerstandsfähig. Die deutschen Christen haben zum großen Teil »mit dem Rücken zu Auschwitz« (Metz) geglaubt. Der US-Bischof Hunthausen sieht in der heutigen Atombombenpolitik das »Auschwitz unserer Zeit«. »Wir haben davon nichts gewußt«, sagten nach 1945 viele, als ihre Kinder nach Auschwitz fragten. Ob das stimmte, ist hier nicht die Frage. Fraglos ist allerdings, daß wir künftigen Generationen – falls noch jemand fragen könnte – diese Antwort nicht mehr geben können. Wer heute wissen will, der weiß.
Atomwaffen sind der bisher schrecklichste Beweis für eine seelenlose Politik und eine heidnische Kultur. »Die christliche Mission predigt zwar das Evangelium den armen, nackten Heiden, aber die inneren Heiden, die Europa bevölkern, haben vom Christentum noch nichts vernommen« (C. G. Jung). Wer die Wirklichkeit der Seele nicht an sich selbst erfährt, der mag vielleicht ein gelehrter Theologe oder angesehener Kirchenfürst oder populärer Politiker sein, von Religion hat er trotz-

dem keine Ahnung. Er ist wie blind gegenüber der Sonne, er ist innerlich unerfahren und sieht nicht das Böse in sich selbst. Und er braucht deshalb – privat, im Beruf und in der Politik – immer Sündenböcke. Die Bergpredigt meint aber nicht den Glauben, sondern das Leben. Die Bergpredigt hat 2000 Jahre, nachdem die Menschen das erste Mal ihre Botschaft hörten, weder unsere Politik noch unsere Gesellschaft und noch kaum unser Privatleben erreicht. Die Bergpredigt war kein Programm in der Vergangenheit. Sind wir heute geistig und seelisch reif für die Gewaltlosigkeit der Bergpredigt?

III. Die neue Politik

Reif für die Bergpredigt?

Haben wir die Kraft zur Umkehr und zur Befreiung?
Wir müssen lernen, daß in den Industriestaaten nicht noch mehr materielle Verwöhnung, sondern Entwöhnung unser Ziel sein muß, wenn die Nord-Süd-Spannungen nicht zu weiteren Kriegen führen sollen. Wir werden die Schöpfung nur bewahren können, wenn wir die Atombombe als den Gipfel unseres einseitig materialistischen Weges begreifen. Es geht heute nicht um Befreiung von Ohnmacht, sondern um Befreiung von militärischer und ökonomischer Übermacht. Die Welt wird kaum menschlicher werden mit den heute vorherrschenden zerstörerischen, revolutionär-männlichen Tugenden, wohl aber mit den lebenserhaltenden, evolutionär-weiblichen. Nach der Bergpredigt leben zu wollen ist kein Spaziergang, von ihren Intentionen kann sich aber keiner freimachen, der Christ sein möchte. Mein Eindruck ist, daß sich Männer mit der Bergpredigt schwerer tun als Frauen. Frauen verstehen mehr von Liebe.
Voraussetzung zur Reife für die Bergpredigt ist die Erkenntnis, daß in unserer heutigen Situation die alles entscheidende Frage heißt: Leben oder Tod? Wir müssen begreifen, daß das militarisierte Denken und die pausbäckig-optimistische Verharmlosung des drohenden atomaren Holocaust so gefährlich sind wie die Atombombe selbst.
Reif für die Bergpredigt werden wir, wenn wir kapieren, daß der Bergprediger heute sagt: So geht es nicht weiter. Immer mehr Waffen, immer mehr Umweltzerstörung, immer mehr Hungertote, immer mehr seelische Krüppel: Das hält die Erde nicht aus. Die Bergpredigt ist freilich kein Patentrezept, sie konzipiert aber eine Haltung: Um das Leben des anderen so sehr besorgt sein wie um das eigene. Bisher haben alle Revolutionen bewiesen, daß man den »neuen Menschen« nicht »schaffen« kann. Doch Jesus will den Neuen Menschen, den Neuen Himmel und die Neue Erde. *Dieser* neue Mensch kann jedoch nur von innen

kommen. Das Scheitern aller sozialistischen Revolutionen hängt damit zusammen, daß Sozialisten meistens glauben, Menschen dadurch verändern zu können, daß Verhältnisse oder der äußere Mensch geändert werden müssen – natürlich unter Druck und Zwang. Die Ergebnisse sind bekannt. Menschen kann man nicht ändern, *Menschen können nur sich selbst ändern*. Es geht Jesus um die Umkehr der Herzen, um eine spirituelle Revolution, um jenen Glauben, der dann allerdings auch Berge versetzen kann.

Diese Umkehr hat nicht den homo oeconomicus zum Ziel, sondern den homo humanus, den ganzen Menschen. Es geht um eine anthropologische Revolution, die politische Konsequenzen hätte. Wir können uns ändern, wenn wir uns ändern wollen. Alle wirklichen Veränderungen beginnen innen. Die Botschaft der Bergpredigt heißt: »Selig seid ihr, wenn *ihr* ...« Der an dieser Stelle immer wieder vorgebrachte Einwand: »Es kann der Frömmste nicht in Frieden leben, wenn es dem bösen Nachbarn nicht gefällt«, geht grundsätzlich am Problem vorbei, und zwar aus zwei Gründen:

Erstens: Dieser Einwand unterstellt, man selbst (= der Westen) sei gut, aber der andere (= der Osten) sei schlecht. Es fehlt also jede Selbsterkenntnis.

Zweitens: Man fordert wieder einmal zuerst vom anderen, was man selbst nicht zu leisten gewillt ist: Gewaltlosigkeit.

»Solange *die* Kommunisten die Bergpredigt nicht zur Grundlage ihrer Politik machen, können wir das auch nicht tun«, höre ich immer wieder in Vorträgen – vor allem in christlichen Kreisen. Man braucht Sündenböcke, wenn man selbst nicht so lebt, wie man es gemessen an den christlichen Lippenbekenntnissen eigentlich tun müßte. Man braucht das Feindbild nach dem Motto: Was du nicht willst, das man dir tu', das füg' um so konsequenter dem anderen zu. Für die alte Lebensregel: »Wie du mir, so ich dir« hätte sich Christus aber nicht ans Kreuz schlagen lassen müssen. Die Bergpredigt ist weder Heimatroman noch ästhetischer Radikalismus. Sie ist kein Gebot, sondern *das* Angebot für ein menschenwürdiges Leben. Die Intuition der Bergpredigt heißt: Allein die Liebe hilft, Haß verschlechtert.

Dem anderen mit »Nachrüsten« zu drohen ist nicht hilfreich, weder für ihn noch für mich. Ich dränge ihn durch mein »Nachrüsten« zum Nach-Nachrüsten, und er wieder mich. Das alte Sprichwort und die Goldene Regel der Bergpredigt: »Was du nicht willst, das man dir tu', das füg' auch keinem andern zu.« Wenn ich also nicht will, daß der andere nachrüstet, dann darf ich es auch nicht tun, auch dann nicht, wenn der andere es trotzdem tut. Wir müssen nicht nur unsere Feinde vor uns schützen, wir müssen uns vor allem vor uns selber schützen. Die christlichen Tugenden Glaube, Hoffnung, Liebe, Geduld und Demut gelten nicht nur gegenüber anderen, sie gelten auch für uns selbst. Ich selbst bin zunächst mein Nächster. Frieden fängt innen an. Anders ist das Bibel-Wort »Du sollst deinen Nächsten lieben wie dich selbst« gar nicht zu verstehen. Ich selbst bin auf meine Liebe angewiesen, weil das Böse in mir ist. Adam, der Ur-Mensch, erkannte nach einer alten Erzählung seine andere Seite, das Böse, als er sich in einem Spiegel betrachtete. Jetzt hatte er zwar seine »himmlische Unschuld« verloren, war aber »wissend« geworden. Wer heute in scheinbarer Unschuld mit Atombomben droht, weiß nicht, was er tut; er weiß nichts von seiner anderen Seite. Diese andere Seite, das Böse in uns, ist aber nicht ungefährlich, weil wir es nicht wahrhaben wollen, im Gegenteil: Weil es existent ist, ohne daß wir es wahrhaben wollen, ist es besonders gefährlich. Nur weil wir heute das Böse in uns verdrängen, unseren »Schatten« nicht anerkennen, sagen die Psychologen, projizieren wir es in andere. Ein Feindbild braucht, wer seinen eigenen Feind in sich ignoriert. Wer das Böse überall sucht, nur nicht in sich selbst, baut schließlich Atombomben, die er bei anderen natürlich verurteilt, und setzt sie irgendwann auch ein. Er hält seine eigene Atombombenmentalität für legitim, denn das Böse muß bekämpft werden. Je weniger man das Böse in sich erkennt, um so intensiver bekämpft man es bei anderen. Mit Atombomben kann nur drohen, wer gar nicht weiß, daß er sich selbst damit droht.

Die Zusammenhänge zwischen Atombombenpolitik und Zerstörung unserer Seelen erkennen wir deshalb nicht, weil wir uns selbst nicht mehr kennen. Selbsterkenntnis ist immer der erste Schritt zur Besserung. Selbsterkenntnis ist die Voraussetzung

für Selbsterziehung. Die Meditation der Bergpredigt ist ein Weg zur Selbsterkenntnis. Augustinus über die »cognitio sui ipsius«, die Selbsterkenntnis: »Denn was nützt es uns, wenn wir das Wesen aller Dinge aufs genaueste untersuchen und richtig erfassen und uns selber doch nicht erkennen?« Ziel jeder Selbsterkenntnis ist »der göttliche Kern in der Menschenbrust« (Jolande Jacobi). Weil die Seele göttlicher Natur ist, bleibt dieses Ziel auf Erden (fast) unerreichbar, aber wir sollen danach streben. Der Gott des Jesus von Nazaret ist ein Gott der Liebe, er hat also Nachsicht mit moralischer Unvollkommenheit und mit dem Bösen. Mit Atombomben drohen, heißt, seiner eigenen Seele drohen. Schon nach den ersten Atombombenabwürfen 1945 schrieb Teilhard de Chardin über den Menschen: »Sein Leib war heil. Was aber war mit seiner Seele geschehen?« Die Atombombe hat aus dem Menschen »ein neues Wesen gemacht, das sich nicht kannte«. Der Mensch genießt jetzt »das Gefühl einer unendlich entwickelten Macht«. Er hat »in die Frucht der großen Entdeckung gebissen« und den »Geschmack der Super-Schöpfung« gekostet.
Je mehr die Atombomben in den Vordergrund rücken, desto mehr wird alles Seelische in der Hintergrund gedrängt. Die logische Folge sind die inneren, die seelischen Krankheiten, unter denen immer mehr Menschen leiden. Gab es je so viele Neurosen, so viele Drogenabhängige, so viele Selbstmordkandidaten, so viele Partnerschaftsunfähige, so viele sozial motivierte Abtreibungen, so viel innere Leere, so wenig Urvertrauen wie zu unserer Zeit? Die Atombombe hat schon heute viel seelische Verwüstung angerichtet. Wir alle sind bereits psychisch atomar verseucht. Noch schlimmer ist: Wir wissen es nicht. Und das Schlimmste: Die meisten Politiker wollen es gar nicht wissen. Wenn unsere Seelen vollends absterben, dann bleibt nur noch der Weltuntergang.
Gibt es einen menschlicheren Humanismus als den Humanismus Gottes, wenn Gott – nach Johannes – »die Liebe ist«? Der Gott des Bergpredigers ist der Gott der Liebe. Ein Gott der Liebe ist ein leidenschaftlich menschlicher Gott.
Die reale Friedensutopie der Bergpredigt ist nicht das Traumbild einer irrealen Welt, sondern der Entwurf und das Wissen

oder zumindest der Vorentwurf und das Vorwissen um eine Welt, die anders sein sollte und anders sein könnte. Die reale Utopie der Bergpredigt zeigt heute nicht nur das Friedensziel, sondern auch den Friedensweg: keine Nachrüstung, keine weiteren Schritte in die alte Richtung, sondern zumindest Rüstungsstop – als ersten Schritt in die neue Richtung. Das Friedensgesetz der Bergpredigt heißt: Frieden gibt es nicht gegen den anderen, sondern nur mit ihm. Frieden gibt es erst, wenn einer ohne Wenn und Aber den ersten Schritt tut, bedingungslos. »Friedenspolitik ist Politik des ersten Schrittes«, sagte der Magdeburger Bischof Werner Krusche schon 1971. Das heißt heute: *Um das Wettrüsten zu beenden, muß einer anfangen aufzuhören, bedingungslos.* Also keine Nachrüstung! Es ist ein psychologisches Grundgesetz: Wer einen anderen für etwas gewinnen will, muß es zuerst selbst tun. Wer die Sowjetunion für Abrüstung gewinnen will, muß zuerst selbst mit dem Aufrüsten und Nachrüsten aufhören. Es gibt keinen anderen Weg. Das sagen nicht nur die Bergpredigt, die Psychologie und der gesunde Menschenverstand, falls er wirklich gesund ist, sondern auch die traurigen Erfahrungen mit den bisherigen Abrüstungsverhandlungen. Diese einfache Wahrheit wird heute nicht nur nicht erkannt, sie wird auch verspottet. Jahrhundertelang galt: »Wer den Frieden will, muß den Krieg vorbereiten.« Jetzt im Atomzeitalter darf nur noch gelten: Wer den Frieden will, muß den Frieden vorbereiten. Das heißt: Wer abrüsten will, muß abrüsten. Der Weg entscheidet über das Ziel. Der Zweck heiligt nicht die Mittel, allenfalls haben schlechte Mittel noch immer die besten Zwecke entheiligt. Gandhis Friedensphilosophie: »Unsaubere Mittel haben unsaubere Ergebnisse zur Folge.« »Man kann die Wahrheit nicht durch die Unwahrheit erreichen.« Nichts bleibt folgenlos. Lange bevor ein Krieg ausbricht, wird er vorbereitet, das heißt, er hat vorher in den Gedanken der Menschen und in den Medien schon begonnen. Es gibt schon heute nicht zu wenig, sondern zu viele Waffen.
Die Bundesrepublik ist das Land mit der größten Atomwaffendichte. Wer jetzt in Westeuropa noch mehr Raketen, Waffen und Bomben will, wird ernten, was er sät. Er wird mitschuldig. Daß die andere Seite auch schuld hat und sündigt, kann niemals

die Rechtfertigung für eigene Schuld und Sünde sein. Auf Gewalt folgt nur noch größere Gewalt und keine Rettung. Mit Gandhis Gewaltlosigkeit und mit der Liebe Jesu von Nazaret ist die Welt noch zu retten. Alle Politiker, Nachrüstungsbefürworter und -gegner versichern, daß sie selbstverständlich den Frieden wollen. Daran darf auch kein vernünftiger Mensch zweifeln. Aber der Friedenswille der Politiker bewirkt politisch nicht mehr als die Friedenssehnsucht der Friedensbewegung. Entscheidend sind die Taten, nicht die Worte. Daß (fast) alle Politiker Frieden wollen, ist klar, aber die Mittel, die sie für dieses Ziel einsetzen, entlarven sie. Die Waffensysteme, über die heute verhandelt wird, sind Vernichtungs- und keine Verteidigungswaffen. Die richtigen Wege entscheiden über die richtigen Ziele. Nur über die richtigen Wege erreichen wir das Leben. Bisheriges Leitmotiv westlicher Außenpolitik war: Wie können wir die Sowjetunion daran hindern, uns anzugreifen? Spätestens jetzt, da die Gefahr totaler Vernichtung aller immer größer wird, muß das neue vernünftige Motiv unserer Außenpolitik sein: Wie können wir die Sowjetunion daran interessieren, ihr Zerstörungspotential abzubauen? Solange in Genf nach Lenins These »Vertrauen ist gut, Kontrolle ist besser« verhandelt wird, kann es keinen Fortschritt geben. Einer muß anfangen aufzuhören; es gilt, Lenins Maxime vom Kopf auf die Füße zu stellen: Kontrolle ist gut, Vertrauen ist besser. Warum aber versucht der Westen in Genf, die Sowjetunion mit Lenin zu übertreffen? Diese Politik ist schon deshalb töricht, weil die wirtschaftliche Misere in Osteuropa noch mehr nach Abrüstungserfolgen verlangt als die Wirtschaftsprobleme in westlichen Ländern. Nach aller Erfahrung wäre Verzicht auf Nachrüstung hilfreicher als Nachrüstung. Wir würden damit reifer für die Bergpredigt.

Ein Friedenskonzil aller Religionen

Gandhi: »Ich kann ohne das mindeste Zögern sagen, daß, wer behauptet, Religion habe nichts mit Politik zu tun, nicht weiß, was Religion bedeutet.« Der Frieden braucht eine Lobby. Die

großen Religionen müßten in einer Weltkoalition *die* Friedenslobby werden. Ein Friedenskonzil, zu dem alle Führer der großen Religionen einladen, könnte ein nicht zu übersehendes Signal setzen für mehr Druck und Widerstand gegen die heutige Atomwaffenpolitik. Das Ziel eines solchen Friedenskonzils der Religionen müßte sein: Alle religiösen Menschen auf der Erde werden aufgefordert, sich weder an Kriegshandlungen noch an der Produktion von Massenvernichtungswaffen zu beteiligen.
Im November 1982 traf ich den Dalai Lama. Er erklärte mir aus buddhistischer Sicht eine Friedensethik, die in anderen Worten die Friedensethik der Bergpredigt ist. Alle Religionen sind Blumen aus demselben Garten, sie wachsen durch denselben Humus. Der Dalai Lama: »Liebe ist stärker als Haß.« Der Papst hat im November 1982 in Madrid vor Wissenschaftlern gesagt: »Es ist ein Skandal unserer Zeit, daß viele Forscher sich der Perfektionierung neuer Kriegswaffen widmen, die sich eines Tages als tödlich erweisen könnten.« Hat solche Rede auch politische Konsequenzen? Etwa 30 Millionen Menschen arbeiten heute in der Rüstung, darunter 400000 Wissenschaftler. Ich schätze, daß die Mehrheit von ihnen getaufte Christen sind. Deren Gewissen hat die Kirche bislang nicht erreicht. Das liegt in erster Linie an der Kirche, die an ihrer Spitze selbst noch nicht genügend Widerstandsgeist gegen die atomaren Sünden entwickelt hat. Theologen lassen oft die Wahrheit verdorren. Sie haben die Wahrheit im Kopf, aber sie erreichen die Herzen nicht, weil sie zu wenig die Wirklichkeit suchen. Heutige Menschen fragen nicht so sehr nach fertigen Wahrheiten, aber sie suchen nach Wegen, die zur Wahrheit führen.
Paul Tillich: »Wahrheit ist tot ohne den Weg zur Wahrheit.« Die Suche nach der Wahrheit ist wichtiger als Dogmen über die Wahrheit. Der schärfste Kritiker des real existierenden Christentums ist Jesus selbst. Jesus hat keine Religion gestiftet, er wollte vielmehr zu einem religiösen Leben anstiften.
Das Zentralkomitee der Deutschen Katholiken hat die Nachrüstung gebilligt. Wenn es nach Meinung des Papstes Sünde ist, sich an der Produktion von Massenvernichtungswaffen zu beteiligen, dann ist es erst recht Sünde, diese Waffen zu stationieren. Wenn die deutschen Bischöfe das Papstwort ernst nehmen

würden, dann müßten sie eine klare Position gegen weitere Nachrüstung beziehen. Johannes Paul II.: »Atomares Wettrüsten führt zum Krieg.« Daß den guten Papstworten durch die katholische Kirche der Bundesrepublik keine Taten folgen, kann man mit Helmut Gollwitzer nur als »großes Trauerspiel« bezeichnen. Heinrich Böll fragte spitz: »Ist denn der deutsche Katholizismus in seiner Korporiertheit ein NATO-Katholizismus?«

In den USA steht »katholisch« heute *gegen* Nachrüstung, in der Bundesrepublik eher *für* Nachrüstung. Viele deutsche Katholiken brauchen ihr Feindbild, damit ihr Weltbild stimmt. Davon wollte Jesus befreien. Reinhold Schneider sah schon in den 50er Jahren *die* Todsünde der Kirchen darin, daß sie kein *NEIN* zu den Atomwaffen zustande gebracht haben. Er nannte diese Haltung eine »Verweigerung gegen das Evangelium«.

Die katholische Kirche der Bundesrepublik steht an der Spitze des Kampfes für das ungeborene Leben. Pro Vita: Das muß doch auch die Sorge um die Geborenen und um die zukünftigen Generationen bedeuten. Der Beitrag zum Kampf gegen den Atomtod ist für die katholische Kirche auch eine Frage der Glaubwürdigkeit und ihrer Identität. Es gibt auch ein Leben nach der Geburt und ein Leben vor dem Tod. Jesus sprach immer von den Konditionen für *dieses* Leben. Jesus war politisch. Die Haltung der katholischen Kirche in der Friedensfrage war zu lange ein Verrat an dem Friedensmann aus Nazaret. Wir haben heute schließlich den Tod der Welt vor Augen. Zum Teil sind die Kirchen aufgewacht: Die katholische Kirche in den USA, Holland und Italien, die evangelische Kirche in der DDR, die anglikanische Kirche in England. An der Spitze der nordamerikanischen Friedensbewegung stehen katholische Bischöfe – die Friedensbewegung in der DDR ist ohne die evangelische Kirche nicht denkbar. Die evangelische Kirche in der DDR bewegt sich mehrheitlich auf einen politischen Pazifismus zu. Die kirchlichen Friedensinitiativen sind die Voraussetzung dafür, daß auch einige Unionspolitiker umzudenken beginnen. Kurt Biedenkopf in »REPORT«: »Wir haben uns im atomaren Gipfel verstiegen und stehen jetzt am Abgrund. Wir müssen umkehren.« Oder Richard von Weizsäcker: »Die Friedensbewegung ist heilsam für die Politik.« Der Wind kann sich drehen mit Hilfe der Kirchen. Ohne Widerstand der Religionen wird es keinen Frieden geben. Der Leitungsausschuß des katholischen nationalen Kirchenrats in den USA beurteilt die Politik Washingtons so: »Bislang wuchs die Bereitschaft, die Welt in ihrer wirklichen Vielfältigkeit und Verschiedenheit zu sehen ... Demgegenüber ist diese Regierung entschlossen, Amerika zur Nummer eins in der Welt zu machen. Nicht Nummer eins der Literatur, der Lebenserwartung oder der Hilfe für weniger entwickelte Länder; nicht Nummer eins in Freiheit von Kindersterblichkeit, von Drogenkonsum, von Kriminalität und Selbstmord; sondern vielmehr Nummer eins in militärischer Überlegenheit, der Fähigkeit, anderen unseren Willen aufzuzwingen oder bei diesem Versuch zahllose Menschen zu töten.« Zum Abschluß des Franziskus-Jahres am 1. Oktober 1982 schrieben die Ordensoberen der vier Franziskaner-Orden: »Sowohl die Anwendung der Atomwaffen als auch der atomare Rüstungswettlauf müssen als unmoralisch verurteilt werden.«

Wenigstens *ein* katholischer Bischof in England hat sich während des Falkland-Krieges auf die Bergpredigt besonnen: Bischof Guazelli, Präsident der britischen Pax-Christi-Bewegung, verurteilte vor 600 Jugendlichen die staatliche Gewaltanwendung. Der pazifistische Bischof wurde daraufhin von einem aufgeregten Fernsehreporter gefragt: »Wollen Sie uns also sagen, wir hätten in solchen internationalen Konflikten, nachdem uns einer auf die rechte Backe geschlagen hat, auch noch die linke hinzuhalten?« Der Bischof: »Ja, vielleicht müssen wir das. Angesichts der nuklearen Waffen und der internationalen Verflechtungen glaube ich tatsächlich, einmal kommt es soweit, daß es Common sense wird, die linke Backe hinzuhalten; denn wenn dann nicht jemand die linke Backe hinhält, werden uns über kurz oder lang überhaupt keine Backen bleiben, weder rechts noch links.«

Da traute sich noch einer, sich an Jesus zu orientieren. Wäre es wirklich eine Niederlage für Frau Thatcher gewesen, wenn sie sich auf die UN-Vermittlungsversuche eingelassen hätte und dafür heute einige hundert gefallene junge Briten und Argentinier noch leben würden? Wieder einmal mußten sich junge

Leute, die sich nicht kannten, umbringen im Namen von Politikern, die sich sehr wohl kennen! Die militärische Lösung für die Falkland-Inseln ist politisch überhaupt keine. Immer wenn es Besiegte gibt, ist der Keim für den nächsten Krieg schon gelegt. Wenn der Papst und der Dalai Lama, der Patriarch von Konstantinopel und der Weltkirchenrat gemeinsam ihre Gläubigen auffordern würden, sich von jetzt an weder finanziell noch physisch an Kriegsvorbereitungen zu beteiligen: Das wäre ein unübersehbares Friedenszeichen, das wäre weltweite Friedenspolitik.

Auftrag der Religionen ist, die Dinge beim Namen zu nennen, die Wahrheit zu sagen. Die Kirchen muten ihren Mitgliedern nicht zuviel, sie muten ihnen fast gar nichts mehr zu. Es gibt nichts Langweiligeres als langweilige Kirchen. Die Kirche Christi ist um des Friedens willen da, nicht umgekehrt.

Wenn sich die großen Religionen trotz ihres Friedensschatzes, den sie alle bewahren, nicht konkreter, praktischer und politischer als bisher am Friedenskampf beteiligen, machen sie sich der unterlassenen moralischen Hilfeleistung schuldig.

Nicht der Sozialismus ist heute eine Gefahr für die Religion, sondern häufig ihre eigene Phantasie- und Utopielosigkeit. Die Propheten in den Kirchen müssen sich zusammentun mit den Weisen in der Wissenschaft, um den Visionären in der Politik Mut zu machen.

Wenn sich zunächst einmal alle Religionen auf einem Friedenskonzil der Legalisierung atomaren Massenmords konsequent widersetzen und dann auch das Sündenbewußtsein ihrer Anhänger stärken würden: Der Friede hätte endlich eine Lobby.

Liebet eure Feinde!

Jesu Feindesliebe ist der Kern der Bergpredigt. Im Zusammenhang mit dem vorausgehenden Text »Von der Vergeltung« wird deutlich: Kein anderes von Jesus überliefertes Wort ist von solcher Radikalität und Konsequenz. Die Feindesliebe steht auch im Zusammenhang mit dem Vorschlag, bescheiden zu sein: »Richtet nicht, damit ihr nicht gerichtet werdet.« Jesu Appell geht an alle, die ihre weiße Weste zur Schau stellen. Spielt euch nicht zu selbsternannten Richtern auf! Baut eure Vorurteile ab! Auschwitz und Dachau, Treblinka und Sobibor waren nur möglich auf dem Fundament festgemauerter Vorurteile. Was damals *die* Juden waren, das sind heute *die* Kommunisten oder *die* Ausländer. Nach 1945 hat Max Picard zu Recht auf den »Hitler in uns« hingewiesen. Täuschen wir uns nicht selbst: »Richtet nicht«, damit sind wir alle gemeint. Wir selbst sind zu allem fähig. Gelegentlich erinnern uns vielleicht noch die Träume an das Böse in uns. Was wir träumen, sind wir. Träume kommen aus *unserem* Innersten.

»Richtet nicht« heißt nicht: »Akzeptiert alles am anderen!«, sondern: »Versucht, den anderen zu verstehen!«, »Seid keine Heuchler!«, »Bildet euch ein Urteil, aber verurteilt nicht!« Für unser aktuelles politisches Thema heißt das: Verlangt nicht Abrüstung, die ihr selbst nicht leistet. Macht zuerst selbst, was ihr von anderen erwartet. Geht mit gutem Beispiel voran. Der chinesische Philosoph Laotse nannte diese Tugend »Belehrung ohne Worte«. Es ist das Grundprinzip jeder Erziehung, die von Liebe und nicht von Strafe ausgeht. Wer seinen Kindern ein gutes Beispiel gibt, kann sich jedes Wort ersparen.

Unsere moralische Überheblichkeit gegenüber Andersdenkenden ist sicher einer der wesentlichen Gründe für den friedlosen Zustand in dieser Welt. Feindesliebe heißt heute: Auch Kommunisten sind Schwestern und Brüder, weil *alle* Menschen denselben Vater haben. Häufig aber ist verinnerlichter Antikommunismus eine Art Nebenreligion.

Martin Buber hat für den Sinn von Nächstenliebe eine schlichte Begründung: »Liebe deinen Nächsten, er ist wie du.« Zu Feindesliebe und Nächstenliebe werden wir ohne Selbstliebe nicht fähig sein. Wer uneins ist mit sich selbst, wer selbst zerrissen ist, wer keine Liebe zu seinem wahren Selbst entwickeln kann, stellt immer eine Belastung für andere dar. Es gibt auch für Feindesliebe keinen vernünftigeren Sinn als diesen: Liebe deinen Feind, er ist wie du.

Feindesliebe ist nicht der Versuch, Streit und Aggression aus der Welt zu schaffen. Aber Feindesliebe ist der Versuch zu streiten, ohne daß Blut fließt und ohne daß gedroht wird.

Feindesliebe heißt nicht, Gegensätze zu übertünchen, sondern Gegensätze zu überbrücken, damit man zueinander kommen kann. Streit zivilisiert auszutragen – das ist nicht nur eine politische, sondern auch eine religiöse Aufgabe. Feindesliebe heißt, sich in die Situation und in die Sicherheitsinteressen des anderen hineinzudenken: Wozu provoziere ich den anderen, wenn ich nachrüste? Wie bringe ich ihn dazu, *nicht* nachzurüsten?
Politiker dürfen nicht länger unter dem Druck von Militärs und Rüstungsindustrie meinen, mit immer mehr Rüstung könne man die eigene Sicherheit stärken, indem man das Risiko für den Gegner erhöht. Feindesliebe ist heute zur Logik des Überlebens geworden.
Unter Theologen ist unstrittig, daß Feindesliebe und Gewaltlosigkeit authentische Jesus-Intentionen sind. Matthäus 5,43: »Ihr habt gehört, daß gesagt worden ist: Du sollst deinen Nächsten lieben wie dich selbst und deinen Feind hassen. Ich aber sage euch: Liebet eure Feinde!«
Die neue Botschaft Jesu ist ein Angriff auf die alte Gesellschaft, sie fordert ein neues Sozialverhalten. Ein neues Verhalten des einzelnen bewirkt neue Verhältnisse in der Gesellschaft. Mit dieser neuen Forderung soll das, was bisher »Schriftgelehrte und Pharisäer« für gerecht hielten, korrigiert werden. Matthäus schließt das Wort von der Feindesliebe mit der überraschenden Begründung: »Ihr sollt also vollkommen sein, wie es auch euer himmlischer Vater ist.« So etwas ist in der Religionsgeschichte eine Revolution: Hier ist nicht asketische Vollkommenheit gemeint, sondern ein Heil-Sein und Ganz-Sein im hebräischen Sinne. »Shalom« heißt als Verb: ganz, heil, vollständig machen. Man könnte auch Intaktsein oder Wohlergehen sagen. Das Ganz-Sein des Menschen soll dem Ganz-Sein Gottes entsprechen. Hier ist *das* neue Gottesbild und *das* neue Menschenbild Jesu. *Diesem* Gott und *diesem* Menschen ist im Religionsunterricht kaum einer von uns begegnet. Feindesliebe scheint uns deshalb so unbegreiflich fremd, weil uns in unserer religiösen Erziehung das Bild eines Richtergottes und nicht das Bild eines Liebesgottes beigebracht wurde. Feindesliebe begreifen heißt, Jesu Gottesbild und Jesu Menschenbild verstehen.

Gegen Feindesliebe gibt es in der aktuellen politischen Diskussion immer den erbittertsten Widerstand. Ich kann diesen Widerstand schon deshalb verstehen, weil auch ich vor einigen Jahren noch geschrieben und gesagt habe: Das geht nicht in der Politik, das ist Träumerei, das ist blauäuig, das ist schiere Utopie. Inzwischen weiß ich, daß ich Jesus nicht begriffen hatte. Wer Feindesliebe als Spinnerei abtut, sollte wenigstens ehrlich zu sich selbst sein und einsehen, daß er Jesus als Spinner abtut.

Die zentrale Stelle bei Lukas: »Werdet also barmherzig, wie euer Vater barmherzig ist.« Josef Blank: »Die Feindesliebe wird hier zur Teilhabe an der rettenden, heilschaffenden Liebe Gottes selbst, Zeugnis seines Heilwirkens in der Welt.« Jesus schlägt sogar vor, für seine Feinde zu beten. Jedes ehrliche Gebet ist zumindest eine Unterbrechung der Gewalt.

Feindesliebe und Gewaltverzicht hängen zusammen. Bei Jesus ist der Gewalttäter der innerlich Unterlegene und der Unfreie. Wenn der innerlich Freie und innerlich Überlegene bei einem Konflikt nicht einen großzügigen Anfang macht, gibt es aus dem Teufelskreis von Gewalt und Gegengewalt kein Entrinnen. Feindesliebe ist nicht Trottelhaftigkeit, sondern Klugheit. Feindesliebe heißt, den Mut zum ersten Schritt zu haben. Feindesliebe ist innere Souveränität und nicht ängstliche Berechnung und egoistische Rechthaberei. Feindesliebe ist nicht kleine theologische Münze, die man verschachern könnte, sondern der Wille des Schöpfers.

Jesu Feindesliebe ist kein Gebot und kein Gesetz. Nicht Zwang, sondern Freiheit ist *das* Wesensmerkmal Jesu. Man kann Jesus zwar nicht sklavisch nachahmen, aber man kann in seinem Geiste zu leben versuchen. Diese Nachfolge ist nur möglich, wenn man Jesu Forderungen zuerst an sich selbst richtet, privat und politisch.

Was tun?

Wer weiß, was atomar vorbereit ist und atomar vorbereitet wird, kann und darf nicht mehr länger ruhig bleiben. Mit Achselzucken, blindem Vertrauen in die Politik oder Fatalismus

verhindern wir den atomaren Selbstmord nicht. Wir dürfen nicht länger sagen: Was geht das mich an!
Bisher hat die Menschheit die atomare Bedrohung als etwas Schicksalhaft-Unausweichliches hingenommen. Die offizielle Politik bezeichnet den Kampf gegen den Atomtod als »extrem« und »utopisch«, ihren Rüstungswahn aber als »realistisch« und »angemessen«. Als »realistisch« gilt, daß die Regierungen der Welt an zwei Tagen soviel für Rüstung ausgeben, wie den Vereinten Nationen in 365 Tagen für ihren Kampf gegen Hunger und Krankheit zur Verfügung stehen. Als »extrem« gilt, diese Realität für Wahnsinn zu halten und ändern zu wollen. Weder die menschliche Seele noch die Erde können diesen Zustand lange verkraften.
Wenn die Menschen nicht aufwachen und ihre feigen Entschuldigungen bekämpfen, hat der Atomtod schon gewonnen. Wir müssen zuerst begreifen, daß die Träumer sich »Realpolitiker« nennen und Realisten »Träumer« schimpfen.
Die eigentliche Rationalität liegt heute in einem überzeugten und überzeugenden Nein zu weiterer Rüstung und Nachrüstung. Wir Deutsche müssen Helmut Kohl an *diesen* Teil seiner Regierungserklärung erinnern, falls er nachrüsten läßt: »Frieden schaffen mit immer *weniger* Waffen – das ist die Aufgabe unserer Zeit.« Erinnert die Nachrüster an ihre Friedenspflicht in Versammlungen und Briefen! Nehmt Einfluß auf die öffentliche Meinung durch Leserbriefe und Gespräche mit Journalisten! Geht in die politischen Parteien! Engagiert euch in der Friedensbewegung und gründet Friedensgruppen überall! Wir sind nicht machtlos.
Konservative müßten an der Spitze dieses Kampfes stehen, denn es gilt, das Kostbarste zu bewahren, was wir haben: das Leben. Wenn der Teufelskreis der ewigen Nachrüsterei nicht durchbrochen wird, gibt es bald nichts mehr zu konservieren. Konservativ kann nicht nur die Bekundung des Wunsches sein, die Welt möge wieder so werden, wie sie war. Konservative, die diesen Namen verdienen, müssen heute um den Erhalt der Schöpfung kämpfen. Konservative müßten sich ihre Skepsis gegen den sogenannten Fortschritt gerade bei Vernichtungswaffen bewußt machen. Konservative und Christen müßten

immun sein gegen atomare Sachzwänge. Wieso verfallen aber ausgerechnet Christen der Irrlehre von Karl Marx, wonach »das Sein unser Bewußtsein prägt«, anstatt sich von Jesu Lehre anstecken zu lassen: Verändert mit eurem Bewußtsein das Sein? Friedrich Nietzsche hat Jesu Feindesliebe für dekadent gehalten. Heute stehen viele Konservative und viele Christen eher auf seiten Nietzsches als auf seiten Jesu.

Wir dürfen die Welt nicht den technokratischen Glücksspielern überlassen, die keine Aussicht auf Sinn in ihrem Leben und Tun sehen und deshalb Nihilisten geworden sind. Wir müssen die Nihilisten von ihrem Nihilismus dadurch befreien, daß wir uns nicht antstecken lassen.

Umkehr ist kein Kinderspiel. Den Gruppen, die den Waffen am nächsten stehen, fällt die Umkehr am schwersten: Generälen, Politikern, Wissenschaftlern. Generäle haben oft wenig Glauben an eine friedliche Welt. Wissenschaftler sind häufig Gefangene im Elfenbeinturm und Politiker zu abhängig von ihrer Partei. Es fiel ihnen offensichtlich leichter, unser Grab zu schaufeln, als es jetzt wieder zuzuschütten.

Nachdem uns die Profis der Politik an den Abgrund geführt haben, bleibt uns Laien gar nichts anderes übrig, als vielstimmig zum gemeinsamen Rückzug zu blasen. Alle auf der Welt, die reden, schreiben und organisieren können, müssen jetzt reden, schreiben und politisch arbeiten. Wir können die Gnadenfrist, die uns noch gegeben ist, nutzen.

Das Ziel des Kampfes gegen Atomrüstung ist nicht die Verurteilung der Politiker, sondern die Rettung der Welt. Es geht um einen Kampf *für* etwas. Politiker sind nicht Feinde in unserem Friedenskampf, sondern Konfliktpartner. Ziel muß sein, sie als Friedenspartner zu gewinnen. Wer innerhalb der Friedensbewegung Bonner Politikern Kriegswillen unterstellt, weiß nicht, was er sagt, und schadet dem Frieden.

Werden wir durch Verschlafen und Verdrängen Komplizen des Todes oder durch Handeln Komplizen des Lebens?

Voraussetzung eines erfolgreichen Kampfes für Frieden ist die Erkenntnis, daß äußere Aktivitäten nur hilfreich sind, wenn innere Einsichten vorausgehen. Für diesen inneren Kampf weiß ich keine bessere Schule als die Bergpredigt. Lew Kopelew, der als russischer Soldat gegenüber deutschen Soldaten Feindesliebe praktizierte, ist davon überzeugt, daß »die Bergpredigt der höchste, reinste Gipfel ist, den der menschliche Geist zu erreichen vermag. Die Friedensbotschaft der Bergpredigt, die Liebe selbst zu den hassenden Feinden verkündet, erklang zuerst nur für wenige Zuhörer, wurde nur von einigen hundert Hirten, Fischern, Bauern und frommen Schülern gehört; von den armen, leidenden, erniedrigten, wehrlosen Menschen in einem winzig kleinen Lande.« Seitdem ist die Bergpredigt oft vom Kriegslärm der letzten zwei Jahrtausende übertönt worden, und doch hat sie überlebt. Dieses Grundgesetz der Gewaltlosigkeit und der Liebe verleiht auch heute denen Sprache, Kraft und Phantasie, die den Frieden suchen. Und die Gewaltlosigkeit des Bergpredigers erfordert Ausdauer. Jesus: »Haltet durch, dann werdet ihr das wahre Leben gewinnen« (Lukas 21,19).

Zum Glück war Jesus kein Theoretiker, sondern ein Praktiker. Seine Lehre: Fang mal an, ohne dich geht gar nichts. Du mußt so tun, als hänge der Frieden allein von dir ab. So wie Menschen beschlossen haben, Atombomben zu bauen, können sie auch vereinbaren, sie wieder abzuschaffen. Im Kampf um Frieden wird unsere Emotionalität, welche die »Realisten« für etwas Schwaches halten, unsere Stärke sein. Die Schwäche der organisierten Politik ist ihr Mangel an Emotionalität. Man kann sich emotional auch gar nicht *für*, sondern nur *gegen* Atomwaffen engagieren. Erst im gemeinsamen Kampf gegen atomare Tod-Rüstung erfahren wir, daß wir nicht hilflos sind. Jeder muß lernen, daß er Experte sein muß, weil der Frieden seine Sache ist. Das Gefühl der Ohnmacht und Resignation wäre erst die eigentliche Voraussetzung für atomare Vernichtung. Resignation macht uns passiv, bewußte Friedensarbeit aktiv.

Die Frage, was tun? beantwortet Günther Anders so: »Habe keine Angst vor der Angst, habe Mut zur Angst. Auch den Mut, Angst zu machen. Ängstige deinen Nachbarn wie dich selbst. Freilich muß diese Art von Angst von ganz besonderer Art sein. 1. Eine furchtlose Angst, da sie jede Angst vor denen, die uns als Angsthasen verhöhnen könnten, ausschließt. 2. Eine belebende Angst, da sie uns statt in die Stubenecken hinein in die Straßen hinaus treiben soll. 3. Eine liebende Angst, die sich *um* die Welt ängstigen soll, nicht nur *vor* dem, was uns zustoßen könnte.« Und die wichtigste Friedensarbeit: Wenn wir unseren Kindern den Frieden erklären, dann werden sie anderen nie den Krieg erklären. Kindern den Frieden erklären, kann aber nur, wer selbst den Frieden lebt.

Erste Schritte: 1. Nachrüstungsstop.

Politik läuft nicht so, daß die Bundesrepublik Deutschland von heute auf morgen die NATO verlassen und die Bundeswehr auflösen könnte. Der Kampf gegen die Atomwaffen hat nur dann eine Chance, wenn die Friedensbewegung begreift, daß Politik eine Schritt-für-Schritt-Angelegenheit ist. Entscheidend ist, daß die Friedensbewegung Unterstützung sucht und findet bei den Nachdenklichen in allen politischen Lagern. Zwei konkrete Schritte kann ich mir heute vorstellen, welche die legitimen Sicherheitsinteressen der Bundesrepublik nicht gefährden würden. Beide Schritte könnten auch von konservativen Politikern mitgegangen werden. Ich weiß, daß auch bei einigen führenden Unionspolitikern meine These: »Einer muß anfangen aufzuhören, sonst hört der Rüstungswahn nie auf« Nachdenklichkeit bewirkt hat. Ich schlage also noch nicht einseitige Abrüstung, sondern zuerst einseitigen Rüstungsstopp vor. »Freeze« ist in den USA schon mehrheitsfähig. Das muß auch in der Bundesrepublik mehrheitsfähig werden. Rüstungsstopp ist die Voraussetzung für Abrüstung. Die Umkehr beginnt mit dem Innehalten auf dem falschen Weg. Erst danach kann ich Schritt für Schritt in Richtung Abrüstung gehen. Wer Politik ändern will, muß auch konkret überlegen, wie sich Politik ändern läßt. Das tun nicht alle in der Friedensbewegung.
Die Sowjetunion geht davon aus, daß derzeit ein »ungefähres militärisches Gleichgewicht« zwischen Ost und West herrsche. Der Westen bestreitet das und weist auf die SS 20 hin, mit denen die Sowjetunion sich Überlegenheit schaffe. Ich kann nicht beurteilen, wer recht hat. Aber ich kann mir vorstellen, daß

jetzt ein sofortiger Verzicht des Westens auf weitere Nachrüstung dem Ziel einer wirklichen Abrüstung näher käme als ein Festhalten am zweiten Teil des NATO-Doppelbeschlusses. Reagans erster Schritt, aus SALT (Rüstungsobergrenzen) START (Waffenverminderung) zu machen, wäre dann wahrscheinlich erfolgversprechender. Sicher bin ich nicht. Aber ich denke an die Atmosphäre der künftigen Verhandlungen, an die politische Psychologie; ich denke daran, daß auch Kohl und Strauß immer wieder versichern, auch die Sowjetunion wolle keinen Krieg. Wenn das alles richtig ist, dann würde das Wagnis eines sofortigen Rüstungsstopps eher mehr als weniger Sicherheit bringen. Ich spreche vom Wagnis. Ohne ein solches Wagnis sehe ich allerdings überhaupt keine Chance, den Rüstungswettlauf zu beenden. Zumindest die Minimalforderung von »Pax Christi« könnte der Westen gerade nach dem Stationierungsbeginn akzeptieren: Die Nachrüstung sofort zu stoppen, damit ohne Zeitdruck weiterverhandelt werden kann. Ziel eines solchen Schrittes: Solange verhandelt wird, rüstet keiner auf oder nach.

Es kommt also alles darauf an, daß einer anfängt aufzuhören. Wer ist der Klügere? Der These, die Sowjetunion zwinge uns durch permanente atomare Aufrüstung zur Nachrüstung, ist die Frage entgegenzusetzen: Für wie lange will der Westen seine Handlungsfreiheit an die Sowjetunion abtreten? Übernimmt nicht vielmehr der das Gesetz des Handelns, der anfängt aufzuhören?

Die Überlegung des DDR-Schriftstellers Hermann Kant halte ich für bedenkenswert: »Es will nicht einleuchten, daß man neue Kernwaffen baut und aufstellt, während man die alten mühsam zählt. Wenn gezählt wird, damit man verringern kann, muß doch nicht vermehrt werden, während gezählt wird.«

Der Westen sollte den sowjetischen Moratoriums-Vorschlag ernst nehmen. Das würde unsere Sicherheit nicht gefährden.

Die Möglichkeit, aufzurüsten mit dem Ziel abzurüsten, hat sich endgültig als Wunschtraum erwiesen. Nach über einem Jahr Verhandlungen in Genf über eine Null-Lösung hat die sowjetische Nachrichtenagentur Nowosti als Antwort auf

die geplante NATO-Nachrüstung angekündigt: »Bei einer Drohung bleibt dann nur der atomare Antwortschlag. Eine andere Alternative gibt es nicht.« So kam es auch.
Als Präsident Reagan im Dezember 1982 die Stationierung von 100 Interkontinentalraketen des Typs MX in den USA angekündigt hatte, antwortete Moskaus Verteidigungsminister Ustinow sofort, die Sowjetunion werde Raketen »derselben Klasse« aufstellen. Er korrigierte damit einen erstaunlichen Kommentar der Prawda, wo es zuerst geheißen hatte: »Die Sowjetunion denkt nicht daran, den USA bei der Schaffung jedes neuen Waffensystems nachzueifern und nachzujagen.« Nein, soviel Vernunft ist zur Zeit bei keiner der beiden Supermächte zu erwarten. Der Druck von unten gegen die Nachrüstung muß stärker werden. Die Verhandlungen in Genf waren wieder einmal überwiegend Propaganda. Im Dezember 1982 sagte Dimitrij Ustinow: »Wir zweifeln zusehends an der Wahrhaftigkeit und Seriosität der USA, in Genf für beide Seiten annehmbare Ergebnisse zu erzielen zu wollen.« Das gleiche hatte US-Verteidigungsminister Weinberger einige Tage zuvor über die Sowjetunion gesagt.

Erste Schritte: 2. Keine Waffenexporte

»Wir werden nicht die Waffenschmiede der Welt«, sagte Helmut Schmidt und sagt Helmut Kohl. Tatsache ist aber: Die Bundesrepublik steht schon heute an fünfter Stelle in der Tabelle der Länder, die Waffen exportieren. Wir sollten uns strikt selbst verpflichten, keine Waffen außerhalb des Bündnisses zu liefern. Wir hätten dreifachen Gewinn durch eine solche Politik: politisch, wirtschaftlich und ethisch.
Politischer Gewinn: Durch Waffenexporte in Länder der Dritten Welt schaffen wir uns ständig neue Feinde. Die Feinde aller Länder, denen wir Waffen liefern, werden automatisch auch unsere Feinde. Für diese Feindesautomatik sind wir selbst verantwortlich. Diese Politik ist kurzsichtig und töricht; jede Waffenlieferung außerhalb des Bündnisses schadet langfristig deutschen Interessen. Was hat die Sowjetunion heute davon, daß

sie in den sechziger Jahren Ägypten oder Somalia mit Waffen vollpumpte? Heute stehen beide Länder im gegnerischen Lager. Was haben die USA heute davon, daß sie früher Vietnam oder den Iran bis an die Zähne bewaffneten? Heute gelten beide Länder als Gegner der USA.

Es ist schlimm genug, daß die Supermächte ihre Konflikte heute in den Ländern der Dritten Welt auf deren Kosten austragen. Wird die Situation für die Dritte Welt vielleicht besser, wenn auch noch Mittelmächte wie die Bundesrepublik Waffen liefern?

Wirtschaftlicher Gewinn: Waffenproduktion ist heute ein großtechnologisches, automatisiertes Unterfangen. Das Arbeitsplatzargument ist schon rein ökonomisch Unsinn. Zur Herstellung von Waffen braucht man nur wenig Arbeitsplätze. Aber wir verspielen Arbeitsplätze, weil wir uns durch Waffenexporte in die Dritte Welt dort Märkte verbauen. Die Gegner derer, denen wir Waffen liefern, kaufen uns häufig nichts mehr ab. Das kostet uns langfristig viel mehr Arbeitsplätze, als kurzfristig durch Waffenproduktion Arbeitsplätze geschaffen werden können. Japan zum Beispiel exportiert grundsätzlich keine Waffen, macht aber Geschäfte mit der ganzen Welt. Frankreich liefert – auch unter Mitterrand – immer mehr Waffen in Länder der Dritten Welt, aber immer weniger Wirtschaftsgüter.

Hat unser Wirtschaftsexport vielleicht darunter gelitten, als wir in den fünfziger und sechziger Jahren (fast) keine Waffen exportierten? Warum fällt es den Ökonomen Schmidt und Strauß so schwer, die wirtschaftlichen Nachteile von Waffenexport-Geschäften zu begreifen? Ursache dieser ökonomischen Kurzsichtigkeit ist der Mangel an moralischen Fragestellungen und Empfindungen in der Politik.

Für Christen in der Politik müßte auch hier die ethische Dimension die entscheidende sein. Politische Ethik heißt hier, nach Sinn, Ziel und Werten in der Politik fragen und dann entsprechend handeln. Was nützt es aber, wenn wir keine Waffen exportieren, aber andere es tun? – so wird oft kritisch eingewendet. Der Verweis auf die Sündhaftigkeit der anderen ist auch hier keine ethische Rechtfertigung für die eigenen Sünden. Für unsere Waffenexporte sind wir verantwortlich, niemand sonst.

Wer selbst mit gutem Beispiel vorangeht, wird eher gehört, wenn er andere zu einer ähnlichen Politik ermuntert und sie in Verhandlungen durchzusetzen versucht.
Politiker reden über Waffenexport anders, als sie handeln. Es gibt heute in Lateinamerika noch drei Länder, denen wir *keine* Waffen liefern. Nur wenige Monate nach dem Falkland-Krieg erhielt Argentinien wieder deutsche Kriegsschiffe mit englischen (!) Motoren. 30 Prozent der Waffen, die Argentinien im Falkland-Krieg gegen unseren NATO-Verbündeten England einsetzte, stammten aus der Bundesrepublik. Vor der Rüstungsindustrie gehen die Bonner Politiker mehrheitlich in die Knie. Das unsittliche Geschäft der Waffenexporte funktioniert nur, weil es in Bonn durch eine große Koalition von Feiglingen abgesegnet wird. Sie applaudieren dem Papst, wenn er zum Frieden mahnt und Waffenexporte verurteilt, geben aber anschließend ihren Segen für Geschäfte, die niemand verantworten kann. Die Waffen der Reichen haben in den Ländern der Armen wohl selten einen Krieg verhindert, aber häufig zum Krieg geführt. Anderswo müssen Menschen sterben, weil wir noch immer Waffenproduktion mit dem Arbeitsplatz-Argument rechtfertigen. Dies ist ein Mord- und Totschlagargument im eigentlichen Sinne des Wortes. Das ist eine Tod-Sünde unserer Zeit. Waffenexporte sind ein Bomben-Geschäft! Waffenexporte, damit wir Arbeitsplätze haben – ich empfehle dann noch einen Schritt weiterzugehen: möglichst rasch einen Krieg vom Zaun brechen, der bringt noch mehr Arbeitsplätze, an der Front und in den Waffenschmieden. Und am Schluß bleiben auch nicht allzu viele Arbeitslose übrig ... Waffen in die Dritte Welt: das ist politisch kurzsichtig, wirtschaftlich unsinnig und ethisch unvertretbar.
Diese beiden ersten Schritte halte ich über unsere heutige Politik hinaus für nötig und möglich, ja, für unabdingbar. Ich weiß, daß es dagegen ernstzunehmende Einwände gibt, risikofrei ist das nicht. Es gibt keine Garantie dafür, daß die Sowjets nicht weiterrüsten, wenn wir aufhören. Der Mut zu diesem Risiko ist jedoch realistischer und erfolgversprechender als die Tollkühnheit der atomaren Abschreckung!
Es gibt keine Liebe und keine Hoffnung ohne Risiko, es gibt

aber auch keinen Frieden ohne Risiko. Ohne den ersten Schritt von uns werden die kommunistischen Regierungen wahrscheinlich gar nicht abrüsten. Sie werden ihrer Bevölkerung eher noch größere Opfer zugunsten der Rüstung abverlangen. Nach uns werden sie es eher tun.

Die Sowjetunion steht nicht vor der Frage, wie sie Westeuropa nehmen könnte, sondern wie sie Osteuropa halten oder sogar ohne Gesichtsverlust loslassen kann. Wer nicht einmal die beiden vorgeschlagenen Schritte wagt, schafft noch mehr Risiken. Ohne Phantasie und Mut gibt es überhaupt keine Rettung. Wenn – nach Franz Kafka – Krieg ein Produkt furchtbarer Phantasielosigkeit ist, dann ist Friede das Produkt fruchtbarer Phantasie.

Im Atomzeitalter gilt: Entweder wir überwinden den Krieg, oder der Krieg überwindet uns. Wir können uns vom Tod, aber auch vom Leben faszinieren lassen. Wir müssen wählen. Wer sich vom Tod faszinieren läßt, glaubt an die Sicherheit durch die Bombe. Wer sich vom Leben faszinieren läßt, glaubt an die Freiheit durch Gott.

In den Ländern des christlichen Abendlandes herrscht am Ende des 20. Jahrhunderts eine depressive, nihilistische Grundstimmung. Wir wissen zwar fast alles, aber wir glauben und hoffen fast gar nichts mehr. Die Faszination vom Tod geht um. Die Frage ist, ob uns jetzt noch einmal Umkehr zum Leben gelingt. Jeder Weg, und sei er noch so lang, beginnt mit dem ersten Schritt in die richtige Richtung. Der erste Schritt in Richtung Abrüstung ist ein Schritt in Richtung Leben, weg vom Tod. Der Weg der Bergpredigt ist *der* Weg zum Leben.

Die gesamtdeutsche Friedensbewegung

Zum erstenmal seit der deutschen Spaltung nach 1945 gibt es heute in Deutschland wieder eine wirklich gesamtdeutsche Idee: Die Friedensbewegung hat hier und drüben Hunderttausende erfaßt und wirkt hier wie drüben auf die Politik ein. Die gesamtdeutsche Friedensbewegung braucht merkwürdigerweise gar keine gesamtdeutsche Phraseologie. Die Idee des

Friedens verbindet – das ist viel, weil der gemeinsame Ansatz ein moralischer ist.
Der bisher zwischen Ost- und Westdeutschland für so wichtig gehaltene Systemgegensatz ist unwichtig geworden. Hauptfeind ist nicht der »Sozialismus« oder der »Kapitalismus«. Hauptfeinde diesseits und jenseits der Blockideologien sind die *alle* gemeinsam bedrohenden Vernichtungswaffen. Es gibt »diesseits und jenseits der Mauer Oppositionsbewegungen, die in ihren Antrieben und Zielen eins sind« (Rudolf Bahro, der für seine pazifistische Haltung in der DDR im Gefängnis war). Vielleicht schafft die gesamtdeutsche Friedensbewegung tatsächlich die Voraussetzung für das, was bisher Wiedervereinigung genannt wurde. Es könnte ja sein, daß – wie Bahro vermutet – der Schlüssel zur Lösung der deutschen Frage weniger die Wiedervereinigung im klassischen Sinne ist, sondern eher die »Entmilitarisierung beider deutscher Staaten«. Ein atomwaffenfreies und weitgehend entmilitarisiertes Deutschland hätte auch für die Verbündeten beider deutscher Staaten weitgehend seinen Schrecken verloren.
Deutschland hat einen entscheidenden Schuldanteil an den vorangegangenen beiden Weltkriegen zu verantworten – warum soll jetzt von hier aus nicht der Dritte Weltkrieg verhindert werden? Die Voraussetzung dafür ist gegeben, denn in Deutschland Ost und West wird immer mehr Menschen klar, daß Atomwaffen eine Gefahr und kein Schutz sind. Viele Bürger in Deutschland fühlen sich von Atomwaffen nicht mehr geschützt. Die Politiker müssen vielmehr zunehmend die Waffen vor den Bürgern schützen. 1982 gingen in Bonn 300000, in Rom 500000, in New York 700000 Menschen zu Friedensdemonstrationen. In der DDR gibt es Hunderte von Friedensgruppen, ebenso in Polen und in der Sowjetunion. Die Friedensbewegung ist der Beweis dafür, daß wir jahrzehntelang unsere Ängste vor den Atomwaffen verdrängt hatten. Jetzt aber haben Millionen keine Angst mehr vor ihrer Angst. Sie verlieren ihre Angst vor Widerstand und werden widerstandsfähig. Die Voraussetzung hierfür war aber das Erkennen der Angst vor Atomwaffen und das Annehmen dieser Angst. Wer zwischen richtiger und falscher Angst, zwischen begründeter und unbegründeter Angst zu un-

terscheiden lernt, kann frei und widerstandsfähig werden. Die wichtigste Frage, die uns die Friedensbewegung stellt, heißt: Wie entkommen wir der Atomfalle? Beide Friedensbewegungen in Deutschland leben und lernen voneinander. Die eine ist Voraussetzung und Hilfe für die andere. Vor allem in den Augen der Bevölkerung und der Politiker legitimiert die östliche Friedensbewegung die westliche und umgekehrt.
Die gesamtdeutsche Friedensbewegung stellt heute am intensivsten die Frage nach der nationalen Identität der Deutschen. Georg Leber (SPD) und Alois Mertes (CDU) sagten auf dem Düsseldorfer Katholikentag, sie hätten gegen eine Friedensbewegung bei uns nichts einzuwenden, wenn es eine solche auch in der DDR gäbe. Es gibt sie – unter dem Dach der Kirche. Bei SED-internen Schulungsveranstaltungen heißt es bereits: Was in der ČSSR 1968 die Intellektuellen und in Polen 1980 die Arbeiter waren, das könnte morgen bei uns die Jugend sein, die Jugend in der DDR-Friedensbewegung. Die evangelische Kirche in der DDR ist bisher den pazifistischen Positionen der Bergpredigt näher als die EKD der Bundesrepublik. Man kann jedoch die Hoffnung haben, daß die evangelische Kirche der DDR in der EKD wie Sauerteig wirkt, so ähnlich, wie die katholische Kirche der USA in ihrem Friedenskampf wie Sauerteig auf die katholische Kirche in der Bundesrepublik gewirkt hat.
Es ist kein Zufall, daß die Friedensbewegung der Bundesrepublik vom Hamburger Kirchentag 1981 entscheidende Impulse bekam. »Der Widerstand der Bekennenden Kirche gegen das Nazi-Regime erweist sich als zinsbringendes Kapital. Bonhoeffer ist die Leitgestalt dieser Auferstehung« (Bahro) – hüben und drüben. Der Widerstandskämpfer Dietrich Bonhoeffer in einer Notiz, die er um die Jahreswende 1942/43 zwischen Dachziegeln vor der Gestapo versteckte: »Mag sein, daß der Jüngste Tag morgen anbricht, dann wollen wir gern die Arbeit für eine bessere Zukunft aus der Hand legen, vorher aber nicht.« Die Friedensbewegung zeigt: Wir sind nicht ohnmächtig. Es gibt noch Möglichkeiten, sich zu wehren gegen Brutalisierung und Militarisierung unseres Lebens. Die Neutronenwaffe hat die Eigenschaft, »nur« Menschen zu töten, aber die Sachen unbeschädigt zu lassen. Jetzt gibt es eine Waffe mit umgekehrter

Wirkung: die Friedensbewegung – sie läßt die Menschen leben und zerstört nur das Kriegsgerät. An der offiziellen Politik ist die Friedensbewegung nicht spurlos vorübergegangen. Nicht nur Helmut Schmidt und Helmut Kohl reden heute anders über die Friedensbewegung. Bei der ersten großen Bonner Friedensdemonstration sprach Helmut Schmidt noch von »zwielichtigen Gestalten«, und Helmut Kohl fühlte sich an »Volksfront« erinnert. Henry Kissinger sagte 1980 noch: »Erst aufrüsten, damit wir abrüsten können.« 1982 sagte er: »Die Argumente der Strategen werden heute immer irrationaler; die Argumente der Friedensbewegung immer rationaler.« Und Lord Soper, der Expräsident der britischen Methodisten: »Früher erschien der Pazifist als ein verrückter Idealist in einer realen Welt; jetzt ist er Realist in einer verrückten Welt.«

Die Friedensbewegung kann eine Befreiungsbewegung werden. Befreit werden müssen wir allerdings nicht von Leid, sondern eher von unserer Unfähigkeit zum Leiden; nicht von Trauer, sondern eher von unserer Unfähigkeit zur Trauer; nicht von Ohnmacht, sondern eher von unserer Übermacht; nicht von Armut, sondern eher von unserem Reichtum; nicht von Unsicherheit, sondern von unserem Sicherheitskomplex; und auch nicht von unserem Realismus, sondern von unserer Blindheit gegenüber den Realitäten. Befreit aber wird nur, wer sich selbst befreit.

Die heutigen Friedensbewegungen in Ost und West bieten eine Chance dafür, daß aus dem bisherigen Frieden *für* die Völker, für den die Politiker verantwortlich waren, endlich ein Frieden *der* Völker wird, für den wir alle verantwortlich sind.

Die Politik der Bergpredigt

Die Politik der Bergpredigt ist Friedenspolitik.

Friedenspolitik ist mehr als Sicherheitspolitik. Frieden ist mehr als Nichttöten. Frieden ist ein Tun. Frieden und Entwicklung hier und in der Dritten Welt sind untrennbar. Frieden und Ausbeutung der Natur sind unvereinbar. Es könnte ja sein, daß wir das Ende lebenswerten Lebens auf dem blauen Planeten auch ohne Atomwaffen schaffen.

Jesu Friedensprädikate sind: sanftmütig und demütig. Sanftmut, Demut und Güte sind mehr als passive Gewaltlosigkeit. Frieden ist nicht, wenn wir Arbeitsplätze durch Waffenexporte zu sichern suchen. Waffenexport tötet. Für viele in der Dritten Welt hat der Dritte-Welt-Krieg längst begonnen.

Frieden erfordert generelle Umkehr. Frieden beginnt, wenn wir begreifen, daß wir anders leben müssen, damit andere überhaupt leben können. Nicht nur unsere Waffen töten, auch unser Lebensstil tötet.

Paulus: Man kann nicht Frieden haben mit Gott, wenn man nicht auch Frieden unter Menschen schafft. Frieden ist mehr als Nichtkrieg. Der Frieden der Bergpredigt ist das Gegenteil von Gewalt, nicht nur das Gegenteil von Krieg. Dieser Frieden ist auch mehr als Entspannung. Entspannung – das beweist die ängstliche Reaktion mancher linker Entspannungspolitiker auf die Unterdrückung von Solidarnosč in Polen – kann auch Kirchhofsfrieden sein. Es gibt Kriege mitten im Frieden. »Das große Schlachtfeld ist der gesellschaftliche Alltag«, sagte der italienische Antipsychiater Franco Basaglia.

Frieden ist nicht, solange die Arbeit so organisiert ist, daß in den Industriestaaten jeder zehnte und in den Entwicklungsländern jeder zweite ohne Arbeitsplatz ist. Frieden ist nicht, solange für uns Männer – und zunehmend auch für Frauen – der Beruf wichtiger ist als Privatleben, Familie, Partner und Kinder. Viele Kinder wachsen hierzulande als vaterlose Halbwaisen auf. Kein Zustand, der auf eine friedlichere Welt hoffen läßt. Frieden ist nicht, solange unsere Gesellschaft einseitig männlich und nicht ganzheitlich menschlich organisiert ist. Frieden ist nicht, solange die Wirtschaft zur Welt des Mannes und die Liebe zur Welt der Frau gemacht werden sollen. Frieden ist nicht, solange Mann-Sein mit »stark« und Frau-Sein mit »schwach« verwechselt wird. Frieden ist nicht, solange in der reichen Bundesrepublik jährlich 100000 Babys im Mutterleib getötet werden, die meisten aus »sozialen« Gründen. Frieden ist nicht, wenn wir uns damit abfinden, daß unsere motorisierte Lebensweise jährlich 13000 Verkehrstote erfordert. Frieden ist nicht, solange Menschen Tiere quälen oder Tierarten ausrotten. Frieden ist nicht, solange das Faustrecht zwar unter zivilisierten Menschen geächtet ist, aber gegenüber allen fühlenden nichtmenschlichen Lebewesen wie selbstverständlich gehandhabt wird. Die Bergpredigt schlägt vor, Angst durch Vertrauen zu überwinden, mit allen Mitteln Vertrauen zu schaffen. Die Bergpredigt eröffnet Perspektiven, an die wir Kleinbürger kaum zu glauben vermögen. Mitten in der Bergpredigt steht das »Vater-Unser«. Jesus betet in diesem Gebet gegen die Wertskala unserer Zeit an: gegen Gewalt und Ruhm, Macht und Geld, Sicherheit und Feindschaft. Wer beten möchte und nicht mehr beten kann, bete langsam dieses Gebet, und er wird anfangen, den Bergprediger zu begreifen.

Der Frieden der Bergpredigt ist an Werten orientiert: an radikaler Freiheit und an radikaler Verantwortung. Der Frieden bei Jesus hat seinen Preis: den Einsatz für die Leidenden, Hungernden, Geschundenen und Rechtlosen. Solidarnosč in Polen – das war eine Friedensbewegung, weil ein gewaltloser Kampf für Gerechtigkeit und Freiheit. Das Komitee »Cap Anamur«, das mit seinem Rettungsschiff 9508 vietnamesische Flüchtlinge aus dem Meer rettete – das war eine Friedensbewegung. Die Helsinki-Gruppen in Moskau und die »Charta 77« in Prag sind Friedensbewegungen. Jesus preist nicht die Friedensredner selig, sondern die Friedenstäter. Wer mithilft, daß ein Kind weniger in der Dritten Welt verhungert, ist ein Pazifist, ein Friedensstifter im Geist Jesu. Der Pazifismus der Bergpredigt ist nicht identisch mit Wehrdienstverweigerung. (Zur Verblüffung vieler kommen Soldaten im Neuen Testament bei Jesus sehr gut weg: der Hauptmann von Kafarnaum, der Hauptmann unter dem Kreuz u. a.) Pax Christi ist mehr. Edward Schillebeeckx: »Schließlich geht es um das letzte Ziel: Frieden verstanden als Werk weltweiter Gerechtigkeit.« Daran kann jeder mitarbeiten, nicht nur Politiker.

Damit aber die ganz große unwiderrufliche Katastrophe vermieden wird, müssen zunächst alle Atomraketen weg. Dann ist immer noch kein Frieden, aber die Voraussetzung, um wenigstens für Frieden kämpfen zu können. Frieden ist zwar nicht alles, aber im Atomzeitalter ist ohne Frieden alles nichts. Bergpredigt und Atomraketen sind unvereinbar. Helmut Gollwitzer definiert das erste Ziel der Bergpredigt heute so: »Entfernung aller Atomwaffen von deutschem Boden auf beiden Seiten – atomwaffenfreie Zone Europa – eine atomwaffenfreie Welt und Verwendung der Rüstungsmilliarden für eine bewohnbare Erde.«

Atombombenpolitik halte ich als Christ für nicht akzeptabel. Eine Welt ohne Atombomben ist noch keine heile Welt, aber eine Welt voller Atombomben ist auf Dauer überhaupt keine Welt.

Das Christentum des Jesus von Nazaret hat mit dazu beigetragen, Menschenopfer und Sklaverei zu überwinden. Warum sollte es heute – zusammen mit anderen Religionen – nicht *den* entscheidenden Beitrag zu einer Friedensethik als Voraussetzung für Frieden leisten? Wo sonst – wenn nicht im Buddhismus und Hinduismus, im Judentum und Christentum, im Islam und Shintoismus – liegen die ethischen Kraftreserven für Humanität?

Die Bergpredigt ist die geistige Energiereserve für die Menschheit. Sie wartet auf ihre Entdeckung. Das aber kann nur von jedem einzelnen selbst geleistet werden. Und zu diesen einzelnen, welche die Bergpredigt zu entdecken haben, gehören auch die Politiker. Mit der Bergpredigt kann man nicht regieren? Man kann heute nur noch mit der Bergpredigt regieren. Wer sich auf die Bergpredigt einläßt, beginnt zu ahnen, daß hier das Ende der Angst und der Anfang der Freiheit auf ihn warten. Helmut Kohl hat mich einmal darin bestärkt, daß diese private Erfahrung auch in der Politik gilt. Im Wahlkampf 1976 sagte der damalige Kanzlerkandidat in vielen Reden: »Alles was privat gut und richtig ist, ist auch in der Politik gut und richtig.« Dieser Satz hat mich nicht mehr losgelassen. Er war eine wichtige Station auf meinem Weg zur Entdeckung der Politik der Bergpredigt. Gandhi, der viel von der Bergpredigt wußte: »Wir sind heutzutage dauernd über die Entdeckungen erstaunt, die auf dem Felde der Gewalt gemacht werden. Ich halte dafür, daß noch weit traumhaftere und unmöglich erscheinende Entdeckungen gemacht werden können, auf dem Felde der Gewaltlosigkeit nämlich.«

Wer die Feindesliebe der Bergpredigt als irreal abtut, der bedenke einen Augenblick die realen Folgen von Feindeshaß. Die Welt in ihrer heutigen politischen Struktur ist das Ergebnis

von etwa 6000 Jahren organisierter Kriegführung. Allein in diesem Jahrhundert sind durch Kriege, also Feindeshaß, mindestens 200 Millionen Menschen umgekommen. Unsere Aufgabe ist nicht, dies zu vergessen, sondern sich dessen zu erinnern. In einem Dritten Weltkrieg gibt es wahrscheinlich Milliarden Tote, und keiner könnte sich mehr ihrer erinnern. Die Bergpredigt ist die Magna Charta eines ganzheitlichen Friedens für alle Menschen aller Zeiten. Sie könnte auch Politiker zu einer Friedenspolitik, die diesen Namen verdient, inspirieren und motivieren. Papst Paul VI. vor der UN-Vollversammlung 1965: »Wenn Sie Brüder sein wollen, dann legen Sie die Waffen nieder! Man kann nicht lieben mit Angriffswaffen in den Händen.«
Viele Christen glauben heute eher an die Kraft der Atombombe als an die Kraft der Bergpredigt. Atombombenpolitik dokumentiert eine Gott-ist-tot-Politik. Atombombenpolitik ist praktizierte Gottvergessenheit. Dieser Atheismus offenbart sich nicht so sehr in atheistischer Ideologie, sondern in der Mißachtung des Lebens. Wer im Leben einen Sinn sieht, darf als verantwortlicher Politiker nicht den biologischen Nihilismus herausfordern.
Die Bergpredigt ist ein Protest gegen Nihilismus.
Die Bergpredigt setzt Hoffnung gegen Verzweiflung.
Die Bergpredigt hält Liebe für stärker als Haß.
Die Bergpredigt ist Medizin gegen unsere emotionale Zurückgebliebenheit.
Gandhi wurde einmal von christlichen Missionaren gefragt, was sie tun müßten, damit die Hindus die Bergpredigt annehmen. Seine Antwort: »Denken Sie an das Geheimnis der Rose. Alle mögen sie, weil sie duftet. Also duften Sie, meine Herren!« Christen müßten duften nach der Bergpredigt.

Die Bergpredigt oder das Ende der Geschichte

Die Bedrohung aus dem Osten ist für den Westen so real, wie die Bedrohung aus dem Westen für den Osten real ist. In dieser Situation ist die Gefahr einer irrationalen Handlung in Moskau so groß wie in Washington. Die FAZ verteidigte in einem Leit-

artikel die Nachrüstung mit dem Argument, sie sei »in gewissem Sinne eine Verzweiflungstat«.
Selten wurde so exakt definiert, was Nachrüstung wirklich bedeutet. Verzweiflungstaten sind immer irrational. Bei Verzweiflungstaten läßt man sich zu etwas zwingen, was man eigentlich gar nicht will. Aber: Warum lassen wir uns denn zwingen? Kann man ernsthaft hoffen, so dem Teufelskreis der Rüstung zu entkommen? Muß man dann nicht vielmehr die nächste »Verzweiflungstat« der Sowjets befürchten? Wird so nicht eine »Verzweiflungstat« an die andere gereiht, bis es knallt? War es nicht immer so in der Geschichte? Werden die östlichen SS-20 vielleicht dadurch harmloser, daß wir ihnen Cruise Missiles und Pershings entgegensetzen? Zumindest in Europa wird es nach einem Atomkrieg kein Leben mehr geben. Da wir alle dies eigentlich nicht wollen, dürfen wir uns eigentlich auch nicht zur »Verzweiflungstat« der Nachrüstung zwingen lassen. Niemand kann uns dazu zwingen, außer wir selbst. 1957 polemisierte die BILD-Zeitung gegen Abschußrampen für Atomraketen in der Bundesrepublik. Die Begründung: »Keine Macht der Welt, auch nicht die NATO, kann uns gegen unseren Willen dazu zwingen.« Ich bewundere die Weitsichtigkeit der Kollegen. Ich war damals noch nicht so weit.
Eine vernünftige Politik versucht nicht, durch Nachrüstung die gefährliche Situation noch gefährlicher zu machen. Die einzig rationale Entscheidung heute ist: die Gefahr behutsam abzubauen versuchen. Wer jetzt noch weiterrüstet, hat *die* Lehre der Geschichte nicht begriffen: Es hat noch immer geknallt, wenn es zu viele Gewehre gab. Warum aber sind wir selbst im Atomzeitalter zu überheblich, um aus der Geschichte zu lernen? Die Hoffnung, man könne Offensivwaffen entwickeln, die nie eingesetzt werden, ist eine gefährliche Träumerei.
Die Atempause, die wir seit 1945 in Europa haben, ist noch nicht der Weltfrieden. Während hier die Waffen schweigen, gab es – in der Dritten Welt vor allem – 130 Kriege. Ergebnis: 50 Millionen Tote – soviel wie im Zweiten Weltkrieg. Die Regierungen werden ihre Politik nur ändern, wenn sich vorher die Bürger ändern. Bürger müssen ihre Regierungen verändern.

Nachrüstung ist eine Geisteskrankheit. Wenn wir fortfahren, viel mehr Geld für Rüstung als zur Bekämpfung des Hungers auszugeben, dann bereiten wir zuerst unseren seelischen und schließlich auch noch unseren körperlichen Tod vor. 2000 Jahre danach ist immer noch Gethsemane: Jesus verkannt, in Gefahr, gekreuzigt zu werden – und seine Anhänger schlafen. Ja, wir kreuzigen ihn permanent selbst: in jedem Kind, das verhungert, mit jeder auch ganz privaten Gewalttat, für die wir verantwortlich sind, und mit den Milliarden, die wir für Rüstung ausgeben.

Schlimmer noch als unsere sittliche Unreife zur Bergpredigt ist wohl das gute Gewissen, das wir dabei haben. Das Christentum ist in Gefahr, eine »Wunschkuh-Religion« (Hanna Wolff) zu werden, jederzeit sich melken und sich für alles in Anspruch nehmen zu lassen, sogar für sogenannte gerechte Kriege.

Das permanente Einlullen der menschlichen Verantwortung, das ständige Abschieben der Dinge, die wir selbst tun müssen, auf Gott, ist vielleicht das eigentliche Versagen von uns heutigen Christen. Jesus will uns als »Mitarbeiter«, nicht als »Knechte Gottes«. Ein knechtisches Menschenbild lehnt Jesus so sehr ab wie ein patriarchisches Gottesbild.

Bei Jesus sind die selig, die keine Gewalt anwenden, die Frieden stiften, die ihre Feinde lieben. Das alles soll nicht irgendwann geschehen, sondern hier und jetzt. Der in der kirchlichen Praxis hinter die Wolke projizierte Gott ist zu großer Belanglosigkeit überhöht. Der Vater-Gott, von dem Jesus spricht, ist ein Gott der Liebe. Jesus ist ganz eindeutig: »Wer sucht, der findet.« »Wer meine Worte hört und danach handelt, ist wie ein kluger Mann, der sein Haus auf Felsen baute.« Allerdings auch: Wer anders handelt, ist ein Dummkopf.

Mit der Bergpredigt kann man nicht regieren? Ohne die Bergpredigt gibt es bald weder Regierende noch Regierte. Dem radikalen Wandel in Wissenschaft und Waffentechnologie muß ein ebenso radikaler Wandel unserer politischen Institutionen und vor allem unseres Bewußtseins folgen. Die Wegscheide, an der wir heute stehen, bezeichnet Jesus im »Friedensevan-

gelium der Essener«[1] so: »Kein Mensch kann zwei Herren dienen. Entweder dient er dem Tode oder dem Leben.«
Ohne die Bergpredigt nähern wir uns dem Ende der Geschichte. Augustinus: »Man soll die Feinde lieben, nicht weil sie schon Brüder wären, sondern damit sie Brüder werden.« Mit Jesus begann eine neue Zeitrechnung. Es liegt nun an uns, ob jetzt, 2000 Jahre danach, auch endlich eine neue Zeit, eine Zeit ohne Krieg beginnt. Der Weg der Bergpredigt verspricht zwar nicht, ein Spaziergang zu werden, aber er ist trotzdem ein Weg in die Befreiung. Jesus: »Meine Last ist leicht.« Der Gott Jesu will befreien, nicht belasten.

Frieden ist möglich

Ist Frieden möglich? Schon immer wollte die Menschheit Frieden, und schon immer haben Politiker und Militärs Krieg geführt. Wann gab es bisher in der Geschichte Frieden, der diesen Namen verdient?
Sind Menschen nicht von Natur aus gewalttätig und unfriedlich? Ist unter diesen anthropologischen Voraussetzungen Frieden wirklich möglich? Ist der Mensch nicht doch des Menschen Wolf? Zweifellos laufen in unserer Gesellschaft und in der internationalen Politik eine Menge böser Wölfe herum. Aber Thomas Hobbes' Überzeugung »homo homini lupus« (der Mensch ist dem Menschen ein Wolf) haben wir nur allzu gerne und allzu lange auf die anderen übertragen: auf *die* Gesellschaft oder auf *die* Feinde. Doch inzwischen dämmert es vielen: Der eigentliche böse Wolf sitzt *in uns*.
Ihn erkennen und beherrschen wir nur durch Selbsterkenntnis im Sinne der Inschrift »Erkenne dich selbst« am Apollotempel

1 Edmont B. Székely hat in den Geheimarchiven des Vatikan schon in den 20er Jahren die aramäischen Schriften der Essener Sekte entdeckt und übersetzt. Seine Arbeit wurde 1947 durch die Qumran-Funde am Toten Meer weitgehend bestätigt. Vieles vom Geist der Bergpredigt wird verständlich, wenn man das »Friedensevangelium der Essener« gelesen hat. Es hatte in den USA seit 1934 5 Millionen Leser. Arnold Toynbee hat die Essener die »einzigen praktischen Mystiker der Geschichte« genannt.

zu Delphi. Apollo war der Gott des Maßes, der Ordnung und der Klarheit. Aber: Apollo hatte einen Stellvertreter und Gegenspieler, Dionysos.

Er verkörperte die Unordnung, die Unterwelt, das Chaos. Selbsterkenntnis ist zunächst die schmerzliche Einsicht, daß wir stets zwischen Apollo und Dionysos, zwischen Gut und Böse hin- und hergerissen sind. In jedem von uns steckt auch ein Dionysos, ein Wolf, eine Portion Böses.

Selbsterkenntnis ist jedoch auch die Erkenntnis des Guten in uns, die Erkenntnis des göttlichen Kerns unserer Seele. Selbsterkenntnis heißt, sich daran zu erinnern, daß wir Gottes Abbild sind, von Gott kommen und zu Gott zurückkehren. Selbsterkenntnis ist der Kampf gegen die Materialisierung des Menschenbildes und des Menschen. Wir sind nicht die Herrscher über die Natur, sondern Kinder der Natur.

Der Psychoanalytiker Horst Eberhard Richter: »Ohne jeden Zweifel verfügt jeder von uns über eine aggressive Triebkomponente. Aber ebenso unbestreitbar kann der Mensch im Gegensatz zum Tier seine aggressiven Impulse in sozial unschädliche Bahnen lenken. Noch kein Historiker der Welt hat jemals einen unmittelbaren Kausalzusammenhang zwischen aggressiven Instinkten und der Anzettelung von Kriegen gefunden.« Die Vorstellung, wonach die Menschheit von Natur aus zum Krieg verurteilt sei, nannte Erich Fromm »absurd«.

Schweden und die Schweiz haben seit 170 Jahren keinen Krieg geführt. Ich habe nicht den Eindruck, daß den Schweden und Schweizern deshalb etwas fehlt.

Wer den Krieg als »Sachzwang« versteht, den nennen Papst und UN-Generalsekretär übereinstimmend »wahnsinnig«. Ich halte es für bemerkenswert, daß auch der ehemalige sowjetische Botschafter in Bonn, Valentin Falin, 1982 erklärt hat: Wer Krieg als Schicksal begreife, schaffe die »psychologische Infrastruktur« für Kriege.

Daß Frieden möglich ist, zeigt die Politik Westeuropas nach 1945. Meinem Vater und meiner Mutter wurde noch eingetrichtert, daß Frankreich unser Erbfeind sei. Heute wissen wir durch Erfahrung, wie lächerlich das war. Im Mittelalter galten

Städte ohne Stadtmauern als etwas Utopisches. Vor 130 Jahren noch hielten viele Leser das Buch »Onkel Toms Hütte« von Harriet Beecher-Stowe, das die Abschaffung der Sklaverei forderte, für so utopisch, wie heute die Überwindung von atomarer Abschreckung für utopisch gilt. Politischer Aberglaube kann gelegentlich überwunden werden. Voraussetzung ist die Einsicht wenigstens bei einer Minderheit, daß sie selbst im argen liegen, wenn die Welt im argen liegt. Innere Umkehr ist sicher die schwierigste, aber sie ist nicht unmöglich. »Kehrt um« heißt bei Jesus: Werdet aktiv, verwandelt eure Angst in Vertrauen.

Wenn wir heute das Duell zum Austragen privater Zwistigkeiten für anachronistisch halten, warum sollten dann nicht auch immer mehr Menschen die Vorbereitung des atomaren Holocaust für anachronistisch halten? Nein, der Atomkrieg muß nicht sein, Frieden kann und muß sein, gerade im Atomzeitalter.

Mord- und selbstmordbesessene Irre wird es immer geben, aber sie müssen ja nicht an die Schalthebel der Politik kommen. Bis 1972 glaubten China und die USA, sich auch militärisch voreinander schützen zu müssen. Heute muß man keinen Krieg mehr zwischen der kapitalistischen Vormacht und dem kommunistischen Riesenreich befürchten. Warum sollte eine ähnliche Entwicklung zwischen der Sowjetunion und den USA und zwischen Osteuropa und Westeuropa unmöglich sein? Wenn Verteidigung nur noch um den Preis der Vernichtung möglich ist, dann ist nur noch das »Nein« zu dieser »Verteidigung« rational. Vernünftig ist dann nicht Nachrüstung, sondern nur noch das Nein zur Nachrüstung.

Albert Einstein hielt ein Überleben der Menschheit ohne fundamentale Umbesinnung für unmöglich. Neue Sicherheitspolitik erfordert ein neues Denken. Vernichtungswaffen sind nicht die Ursachen, sondern die Folge von Vernichtungsdenken. Vernichtungsdenken muß durch Sicherheitsdenken und Vertrauensdenken ersetzt werden. Sicherheit ist die Fähigkeit, sich zu verteidigen, und nicht die Fähigkeit, den anderen zu vernichten. Aus legitimem Sicherheitsdenken wurde ein Sicherheitskomplex, ein krankhaftes Sicherheitsdenken.

Wie krank unser offizielles Sicherheitsdenken ist, bewies Helmut Schmidt, als er das MRCA-Tornado-Programm glorifizierend als das »größte Waffensystem seit Christi Geburt« bezeichnete. Wir haben uns im atomaren Felsen verstiegen und stehen am Abgrund: Jetzt müssen wir absteigen und dürfen nicht – durch Nachrüstung – noch weiter auf den Abgrund zugehen. Spätestens jetzt müssen wir die Bergpredigt beherzigen. Wir müssen umkehren kurz vor dem Sturz in den Abgrund. Am Abgrund stehen und vollmundig pfeifen nach dem Motto: »Es wird schon irgendwie gutgehen«, ist ein Zeichen von Schwachsinn. Aber konsequent stoppen und Schritt für Schritt auch dann absteigen, wenn sich der andere noch einen Schritt weiter dem Abgrund nähern sollte, ist die einzig humane Entscheidung. Stopp und Umkehr bieten keine Gewißheit dafür, daß der andere auch stoppt und umkehrt, aber die beste Voraussetzung.

Im »Friedensevangelium der Essener« sagt Jesus, der wahrscheinlich selbst ein Essener war, zu einem kleinen Kreis von Schülern über den Frieden: »Sucht den Engel des Friedens in allem, was lebt, in allem, was ihr tut, in jedem Wort, das ihr sprecht. Denn Frieden ist der Schlüssel zu allem Wissen, zu jedem Geheimnis, zu allem Leben.« Die seine Worte hören und danach versuchen zu leben, nennt Jesus »Kinder des Lichts«.

Gegenüber allen offenen oder versteckten Gewalttheorien, die auch heute noch Theologen und Kirchenfürsten gelegentlich in Jesu Lehre hineininterpretieren, muß ohne Wenn und Aber festgehalten werden: Jesus lehnt Gewalt ab, er ist *der* Mensch des Friedens. Seine Lehre ist eindeutig: eine Froh- und keine Drohbotschaft. Schafft Frieden, indem ihr zuerst selbst friedlich werdet; schafft Frieden, indem ihr Feindbilder abbaut. Die Bergpredigt stellt sich nicht mit außerordentlichen Forderungen außerhalb der Politik. Aber sie fordert auch von Politikern Außerordentliches. Die Bergpredigt denkt Politik von Anfang an und zu Ende. Die Bergpredigt fordert, immer auch an die Folgen des politischen Tuns, an die Folgen von Nachrüstung zu denken. Die Bergpredigt zeigt Christen ihre Verantwortung für das, was sie tun. »An ihren Früchten werdet ihr sie erkennen.«

Die Bergpredigt stellt heute die Alternative: Gott oder die Bombe? »Ihr könnt nicht zwei Herren dienen«: Gott *und* der Bombe, dem Frieden *und* der Kriegsvorbereitung.
Jesus stellt Erwachsenen Kinder als Vorbild hin: Kinder streiten zwar, aber sie bringen sich nicht gegenseitig um.
Die Bergpredigt wurde immer irgendwie verstanden: exegetisch, wissenschaftlich, historisch, eschatologisch, messianisch, utopisch, theologisch, aber fast nie wirklich: ganzheitlich. Wir müssen die Bergpredigt so lesen, wie sie dasteht und so auch zu leben versuchen. Die Bergpredigt kann den Baum des Friedens zum Erblühen bringen, vorausgesetzt, wir hegen ihn.
Die Bergpredigt ist eine Sammlung wesentlicher Worte Jesu.
Diese Worte sind verläßlich. Jesus war kein Opportunist. Er hat nie übertrieben. Das kann jeder an sich selbst erfahren, der sich auf Jesus einläßt. Und wer es erfährt, braucht nicht mehr zu glauben, er weiß. Er weiß, daß Jesu Lehre *die* Brücke ist zwischen Menschen und Gott. Die Entfernung zwischen Mensch und Gott ist heute riesig. Um so notwendiger sind Brücken. Die Brücke zu einem Leben im Sinne des Schöpfers ist die Bergpredigt. Auch Politiker können diese Brücke betreten, wenn sie wollen. Woher wissen denn Politiker, daß man mit der Bergpredigt nicht regieren kann, wenn sie es nicht versuchen? Heinrich Albertz an Helmut Schmidt: »Ich habe immer mehr den Eindruck, daß die Grundregeln von Jesu Leben und Lehre die einzige Chance sind, auch als Nation zu überleben.« Das möchte ich heute Helmut Kohl sagen.
Wir haben die Bergpredigt begriffen, wenn wir anfangen, so zu leben, als hinge der Frieden ausschließlich von uns selbst ab. Alles andere ist ein Ausweichen vor unserer Verantwortung, das zu Passivität, Resignation und Fatalismus führt.
Bonhoeffers Erkenntnis: »Nur wer für die Juden schreit, darf auch gregorianisch singen«, heißt heute: Nur wer für den Frieden arbeitet, darf auch beten. Ein Christ darf politisches und religiöses Handeln nicht trennen.
Die Bergpredigt tröstet nicht nach dem Motto: Es wird schon

irgendwie gutgehen, sondern nach der Erkenntnis: Es kann nur durch uns gutgehen.

Auf dem Querbalken eines Kruzifixes bei der Andheri-Hilfe sah ich anstelle der gekreuzigten Hände diese Inschrift: »Ich habe keine anderen Hände als die euren.«[1] Dieser Satz hat mich wie eine Erleuchtung getroffen: Alles hängt von *uns* ab. In der bisherigen Geschichte war Krieg immer Realität. Die neue Realität ist, daß es in Europa im Zeitalter »wechselseitig gewährleisteter Vernichtung« keine Kriege mit Überlebenschance mehr geben kann. Es ist historische Wahrheit, daß Krieg immer ein Mittel der Politik war. Die neue Wahrheit ist, daß Krieg nie mehr ein Mittel der Politik werden kann. In der alten Politik mag es auch »gerechte Kriege« gegeben haben. In der neuen Politik gibt es weder gerechte noch ungerechte Kriege, sondern nur noch Vernichtung, wenn nicht eine Relativierung dessen gelingt, was bisher »nationale Souveränität« war.

Atomkrieg ist gegen die Schöpfung und damit gegen den Schöpfer. Die neue Politik heißt Abrüstung. Die neue Religion heißt, die Bergpredigt endlich ernst zu nehmen. Der indische Religionsphilosoph Sri Aurobindo ging schon vor Erich Fromm über dessen berühmte Alternative »Haben oder Sein« hinaus: »Wissen oder Sein.« Unser Wissen, unsere banalen Fortschrittsphilosophien, die uns alles machen lassen, was wir machen können, hindern uns noch mehr am Mensch-Sein als die Äußerlichkeiten heutigen Lebens. Unsere Abhängigkeit von der Wissenschaft ist noch gefährlicher als unsere Abhängigkeit von der Ökonomie. Nicht zu *wissen*, zu *sein* ist unsere Aufgabe. Die Bergpredigt durchkreuzt nicht nur den Sinn des Habens, sondern auch den Sinn unseres Wissens durch den Sinn der Liebe. Wissen ohne Gewissen, das ist der Ruin unserer Seelen, so wie Freiheit ohne Verantwortung den Ruin der Freiheit bedeutet. Die Freiheit der Bergpredigt ist verantwortete Freiheit. Der US-Dramatiker Arthur Miller flog Anfang

1 Andheri-Hilfe: Private Hilfsorganisation, die für 26 DM einem Blinden in Bangladesh durch eine einfache Operation das Augenlicht wieder schenken kann. Andheri-Hilfe Bonn, Mackestr. 53, 5300 Bonn.

der 50er Jahre von New York nach Kalifornien. Neben ihm im Flugzeug der Chefingenieur einer großen Petroleumfirma. Beim Überqueren der großen amerikanischen Wüste von Nevada meinte Miller zu seinem Nachbarn: »Na, das da unten werden die Menschen niemals ändern können, nicht wahr?« »Aber ja«, meinte sein Nachbar, der Chefingenieur, »wir könnten da unten 30 Millionen Menschen ansiedeln in der Wüste.« »Aber da ist doch kein Wasser«, warf Miller ein. Doch, unter der Wüste läge ein riesiger Ozean. Mit drei präzisen atomaren Explosionen käme Wasser nach oben, erfuhr der Dramatiker. »Aber würde denn das Wasser dann nicht radioaktiv vergiftet sein?« wollte Miller wissen. Und der Ingenieur antwortete: »Das ist nicht mein Gebiet.«

Wir wissen nicht zuwenig, wir wissen heute eher zuviel. Es fehlt uns nicht an Informationen, wohl aber an Orientierung.

Die Bergpredigt geht nicht gegen die Vernunft an, aber gegen das, was manche als vernünftig und normal bezeichnen.

Sie ist kein Ersatz fürs Denken oder für wissenschaftliche Friedensforschung. Wenn wir aus der heutigen ökologischen Krise wieder herausfinden wollen, brauchen wir nicht weniger, sondern mehr Rationalität, verantwortbare Rationalität, eine Rationalität, die ihre Grenzen kennt. Die Bergpredigt ist eine Schule für menschliche Vernunft. Ich bin überzeugt von der Lernfähigkeit des Menschen, ich glaube an die verschütteten und unentdeckten Intelligenz- und Liebesreserven in uns. Jeder, der will, kann sie erschließen.

An der Schwelle zum dritten Jahrtausend nach Christus bleibt uns keine andere Wahl. Ob wir Sozialisten oder Kapitalisten sind, ist eher zufällig. Unser Überleben dürfen wir aber nicht weiter dem Zufall überlassen. So wie die heutigen globalen Gefahren aus uns erwachsen sind, aus unserem alten Handeln, so können wir die Gefahren in uns besiegen, durch neues Handeln.

Am 11. Juni 1982 betete ein Rabbi vor 10000 Menschen während der UN-Abrüstungskonferenz:

»Du hast nicht Hiroshima zerstört –
wir waren es.
Du hast nicht die Kinder ins KZ geschickt –

wir waren es.
Du hast nicht unsere Welt vergiftet –
wir waren es.
Aber heute erklären wir,
daß wir das Leben wählen,
damit unsere Kinder leben werden.«

Eine Politik ohne atomare Bedrohung wäre nicht der Himmel auf Erden, aber der Hölle auf Erden könnten wir wahrscheinlich entkommen. Unser Ziel muß sein: »Frieden schaffen ohne Waffen.« Der realistische Weg dorthin: »Frieden schaffen mit immer weniger Waffen.« Vielen scheint dieser Weg und dieses Ziel unrealistisch. Aber was ist ihre Alternative? Wenn es bisher keinen Frieden gab, ist doch nicht bewiesen, daß es auch im Atomzeitalter keinen Frieden geben kann. Was gestern nicht möglich war, *kann* morgen möglich sein. Albert Schweizer, als er 1954 den Nobelpreis erhielt: »So manche Wahrheit ist lange oder ganz unwirksam geblieben, allein deshalb, weil die Möglichkeit, daß sie Tatsache werden könne, nicht in Betracht gezogen wurde.« Für viele ist Frieden heute noch eine Häresie. Aber ich erinnere daran, daß fast jede neue Wahrheit zuerst in Gestalt einer Häresie daherkam und bekämpft wurde. Was schwierig scheint, ist nicht unmöglich. Am 1. Januar 1983 fragten die katholischen Bischöfe der DDR in einem Hirtenbrief: »Gewinnt hier nicht das häufig belächelte Ideal der Gewaltlosigkeit, wie es uns Jesus in der Bergpredigt verkündet, eine bisher ungeahnte rationale Aussagekraft?« Ratio und Ethik: keine Gegensätze mehr – wann sagen so etwas die westdeutschen katholischen Bischöfe? Oder haben die westdeutschen Bischöfe gegenüber der CDU/CSU weniger Mut als die ostdeutschen Bischöfe gegenüber der SED? Wer vor 100 Jahren davon gesprochen hat, daß die Kinderarbeit abgeschafft wird, wer vor 300 Jahren davon gesprochen hat, daß die Sklaverei überwunden wird, wer vor 500 Jahren davon gesprochen hat, daß sich die Erde um die Sonne dreht, und wer vor 800 Jahren davon gesprochen hat, daß die Pest besiegt werden kann, wurde ausgelacht. Wir müssen die Pest unserer Tage, den Atomkrieg, verhindern, indem wir die Atombomben abschaffen. Wir haben keine andere Wahl.

»Ihr habt gehört, daß zu den Alten gesagt wurde, ich aber sage euch ...« Das ist die neue Wirklichkeit und die neue Autorität. »Er lehrte sie, wie einer, der göttliche Vollmacht hat.« Matthäus schreibt am Schluß der Bergpredigt, daß »die Menge sehr betroffen von seiner Lehre war«. Man kann sich gut vorstellen, wie die »Realisten« schon damals den Kopf geschüttelt haben über soviel »Blauäugigkeit« und »Unsinn«. Und nochmals stelle ich die Frage, die man heute den »Realpolitikern« immer wieder stellen muß: Was ist eure Alternative zum Rüstungswahn und der Vernichtungspolitik, wenn nicht Jesu Feindesliebe? Nicht jeder muß ein Pazifist sein. Dem Frieden wären wir schon viel näher, wenn jeder ein Pazifist sein *wollte*. Die Bergpredigt ist nicht wirkliche Wirklichkeit, aber eine mögliche Wirklichkeit. Weil wir so handeln *können*, sollen wir so handeln. Die Bergpredigt ist *die* konkrete Utopie. Alles hängt von unserem Willen ab. Jesu Elementarfrage an die, die er heilte: »*Willst du* gesund werden?« Viele sagen ja, aber mit Vorbehalt. Frieden ohne Vorbehalt: das ist die Voraussetzung für Frieden. Wenn Frieden bisher »nur« ein Traum war, wird es höchste Zeit, im Atomzeitalter dieses Traumverbot zu übertreten. Frieden ist kein Problem, das man ein für allemal lösen kann, aber eine Wirklichkeit, an der man arbeiten muß. Frieden schaffen kann auch in der Politik nur, wer an sich selbst arbeitet. Es gibt in der Friedensfrage keine Neutralität. Der Frieden der Bergpredigt ist kein unverbindlicher Friedenswunsch, sondern konsequente Friedenspraxis. Mit dem Frieden ist es wie mit der Liebe. Sie flieht aus jeder Partnerschaft, wenn nicht wenigstens einer was für sie tut. Es gibt keine Liebe ohne Liebesarbeit – es gibt keinen Frieden ohne Friedensarbeit. Im »Friedensevangelium der Essener« sagt Jesus: »Glücklich sind jene, die um Frieden *ringen*.« Frieden schaffen können wir, indem wir über Selbsterkenntnis nach Selbstverwirklichung streben. *Selbst*-Verwirklichung ist nicht Egoismus. Selbstverwirklichung befreit uns erst zu wirklicher Solidarität. Selbstverwirklichung ist letztlich religiöses Streben. Religiöses Streben ist Streben nach einem wahrhaft humanen Leben, »das sowohl die Ich-Befangenheit des Menschen als auch die angebliche absolute Jenseitigkeit Gottes zu überwinden trachtet, so daß Selbstverwirklichung die endliche Antwort des Menschen auf die Menschwerdung Gottes sein kann« (Helmut Barz).

In diesem Buch konnte es nicht um eine Theologie der Bergpredigt gehen; es ging mir um meine persönliche Erfahrung mit der Bergpredigt. Und daraus leite ich Überlegungen und Vorschläge für eine Politik der Bergpredigt ab. Ich möchte anstiften zur Bergpredigt.

Das neue, 2000 Jahre alte Menschenbild der Bergpredigt ist ein Aufruf: Entscheidet euch gegen das Gesetz der Gewalt und Vergeltung für das Gesetz der Liebe und Vergebung! – Bedenkt, daß ihr Menschen seid, und vergeßt alles andere! Arbeitet an der Überwindung des unmenschlichsten aller Dogmen: daß der Mensch unverbesserlich sei! Die Kirchen lehrten bisher entweder eine heillose Welt oder ein weltloses Heil. Doch seit der Bergpredigt könnten wir wissen: Das Heil ist nicht weltlos, und die Welt ist nicht heillos. Wenn wir mitarbeiten an der Heilung der Welt – dann werden wir verstehen und erfahren: Frieden ist möglich.

Literaturverzeichnis:

Afheldt, Horst: Verteidigung und Frieden, dtv 1979
Anders, Günther: Hiroshima ist überall, C. H. Beck Verlag 1982
Bahro, Rudolf: Wahnsinn mit Methode, Edition Vielfalt 1982
Barz, Helmut: Stichwort: Selbstverwirklichung, Kreuz-Verlag 1981
Battke, Achim: Atomrüstung – christlich zu verantworten? Patmos 1982
Bensberger Kreis (Hrsg.): Frieden – für Katholiken eine Provokation? Rowohlt 1982
Berliner Begegnung zur Friedensförderung. Protokolle des Schriftstellertreffens am 13./14. Dezember 1981, Luchterhand 1982
Borné, Gerhard: Bergpredigt und Frieden, Walter Verlag 1982
Bornkamm, Günther: Jesus von Nazareth, Kohlhammer 1980
Carver, David: Grenzerlebnisse vom wahrhaft Menschlichen, Almanach-Edition 1982
Chardin, Teilhard de: Die Zukunft des Menschen, Walter Verlag 1982
Dittmann, Gollwitzer, Marquardt, Schulze, von Coedel: Utopien in der Bibel, Radius 1982
Drewermann, Eugen: Der Krieg und das Christentum, Pustet-Verlag 1982
Eicher, Peter (Hrsg.): Das Evangelium des Friedens, Kösel 1982
Erk, Wolfgang (Hrsg.): Der verbotene Frieden. Reflexionen zur Bergpredigt aus zwei deutschen Staaten, Radius 1982
Erk, Wolfgang, Krummacher, Jo: Motivationen. Friedenstexte für jeden Tag, Radius 1982
Frankfurter Hefte, Extra 4, Kampf dem Atomtod, Frankfurt 1982
Fromm, Erich: Haben oder Sein, dva 1976
Gandhi, Mahatma: Handeln aus dem Geist, Herder 1977
Gollwitzer, Helmut: Frieden 2000, Kaiser 1982
de Graaf, Johannes: Mit der Bergpredigt leben, GTB 1982
Gustav-Heinemann-Initiative, Frieden – Aufgabe der Deutschen, Radius 1982
Herbst, Karl: Was wollte Jesus selbst? 2 Bde., Patmos 1981
Hersey, John: Hiroshima, Athenäum 1982
Hochgrebe, Volker (Hrsg.): Provokation Bergpredigt, Kreuz-Verlag 1982
Jung, C. G.: Gesammelte Werke, 18 Bde., Walter Verlag, 1971–1982
Katholische Sozialakademie Österreichs: Der Vatikan zur Rüstung, Wien 1979
Kennan, George F.: Rußland, der Westen und die Atombombe, Ullstein 1982
Kennedy, Robert: Dreizehn Tage. Wie die Welt beinahe unterging, Darmstädter Blätter 1982
Kern, Peter; Wittig, Hans-Georg: Pädagogik im Atomzeitalter, Herder 1982
Küng, Hans: Wegzeichen in die Zukunft, Rowohlt 1980
Lapide, Pinchas: Die Bergpredigt, Utopie oder Programm?, Matthias-Grünewald 1982
Leder, Karl Bruno: Nie wieder Krieg?, Kösel 1982

Lehmann, Reinhold: Friedenssignale, Herder 1982
Mechtersheimer, Alfred: Rüstung und Frieden, Langen-Müller 1982
Metz, Johann Baptist: Jenseits bürgerlicher Theologie, Christian-Kaiser-Verlag 1980
Moltmann, Jürgen (Hrsg.): Nachfolge und Bergpredigt, Kaiser-Verlag 1981
Richter, Horst Eberhard: Alle redeten vom Frieden, Rowohlt 1981
Richter, Horst Eberhard: Zur Psychologie des Friedens, Rowohlt 1982
Ridez, Louis: Die Bergpredigt. Mensch-Sein nach Jesus, Benziger 1979
Schell, Jonathan: Das Schicksal der Erde, Piper 1982
Schillebeeckx, Edward: Jesus, die Geschichte von einem Lebenden, Herder 1974
Schultz, Hans Jürgen: Anstiftung zum Christentum, Heyne Verlag 1981
Schultz, Hans Jürgen (Hrsg.): Liebhaber des Friedens, Kreuz-Verlag 1982
Schweizer, Eduard: Die Bergpredigt, Vandenhoeck und Ruprecht 1982
Sekretariat der Deutschen Bischofskonferenz (Hrsg.): Dienst am Frieden, Bonn 1982
Sölle, Dorothee: Fürchte dich nicht, Pendo 1982
Sommerville, John: Durchbruch zum Frieden, Darmstadt 1982
Stellungnahme der Päpste, des II. Vatikanischen Konzils und der Bischofssynode 1963–1982
Streithofen, Basilius H.: Schlüsselwort Frieden, Edition Interfrom 1982
Sturm, Vilma: Mühsal mit dem Frieden, Radius 1982
Székely, Edmont Bordeaux: Das Friedensevangelium der Essener, 3 Bde., Bruno-Martin-Verlag 1977
Székely, Edmont Bordeaux: Die Lehren der Essener, Bruno-Martin-Verlag 1979
Székely, Edmont Bordeaux: Das geheime Evangelium der Essener, Bruno-Martin-Verlag 1982
von Weizsäcker, Carl Friedrich: Der bedrohte Frieden, Hanser 1981
Wensierski, Peter; Büscher, Wolfgang: Friedensbewegung in der DDR, Scandica Verlag 1982
Wolff, Hanna: Jesus, der Mann, Radius 1977
Wolff, Hanna: Jesus als Psychotherapeut, Radius 1978
Wolff, Hanna: Neuer Wein, alte Schläuche, Radius 1981
Wolff, Otto: Mahatma und Christus, Lettner-Verlag 1955
Wolff, Otto: Sri Aurobindo, Rowohlt 1979
Zitelmann, Arnulf: Die neue Basisbibel, Luchterhand 1982

Serie Piper aktuell

Friedrich Kassebeer · Die Tränen der Hoffnung
Machtkampf in Mittelamerika
1984. 157 Seiten. Serie Piper 392

Katholische Kirche – wohin?
Wider den Verrat am Konzil
Herausgegeben von Norbert Greinacher und Hans Küng.
1986. 467 Seiten. Serie Piper 488

Martin Kriele · Nicaragua – das blutende Herz Amerikas
Ein Bericht
4. Aufl., 25. Tsd. 1986. 185 Seiten. Serie Piper 554

Christian Graf von Krockow · Gewalt für den Frieden
Die politische Kultur des Konflikts
3. Aufl., 29. Tsd. 1983. 122 Seiten. Serie Piper 323

Thomas Kruchem · Brücken über die Apartheid
Gespräche im Südafrika des Ausnahmezustands
1985. 328 Seiten. Serie Piper 349

Hubert Markl · Evolution, Genetik und menschliches Verhalten
Zur Frage wissenschaftlicher Verantwortung
1985. 131 Seiten. Serie Piper 623

Roland Röhl · Natur als Waffe
Umwelt in der Planung der Militärstrategen
1985. 119 Seiten mit 12 Abbildungen. Serie Piper 445

Christian Schmidt-Häuer · Michail Gorbatschow
Moskau im Aufbruch
4. Aufl., 29. Tsd. 1986. 198 Seiten. Serie Piper 642

Hannes Schwenger · Im Jahr des Großen Bruders
Orwells deutsche Wirklichkeit
3. Aufl., 23. Tsd. 1984. 125 Seiten. Serie Piper 326

Anders Wijkman/Lloyd Timberlake · Die Rache der Schöpfung
Naturkatastrophen: Verhängnis oder Menschenwerk?
Aus dem Englischen von Christiane Spelsberg
und Roger Willemsen. 234 Seiten mit 39 Abbildungen. Serie Piper 551

PIPER

Pipers Wörterbuch zur Politik

Herausgegeben von Dieter Nohlen

Band 1:

Politikwissenschaft

Theorien – Methoden – Begriffe
Herausgegeben von Dieter Nohlen und Rainer-Olaf Schultze
Halbband 1: Abhängigkeit – Multiple Regression.
Halbband 2: Nation-building – Zweiparteiensystem.
1985. 1183 Seiten mit 9 Tabellen und 15 Abbildungen. Kt.

Band 2:

Westliche Industriegesellschaften

Wirtschaft – Gesellschaft – Politik
Herausgegeben von Manfred G. Schmid
1983. 558 Seiten mit 69 Tabellen und 14 Abbildungen. Kt.

Band 3:

Europäische Gemeinschaft

Problemfelder – Institutionen – Politik
Herausgegeben von Richard Woyke
1984. 471 Seiten. Kt.

Band 4:

Sozialistische Systeme

Politik – Wirtschaft – Gesellschaft
Herausgegeben von Klaus Ziemer
1986. 590 Seiten mit zahlreichen Tabellen. Kt.

Pipers Wörterbuch zur Politik

Herausgegeben von Dieter Nohlen

Band 5:

Internationale Beziehungen

Theorien – Organisationen – Konflikte
Herausgegeben von Andreas Boeckh
1984. 583 Seiten. Kt.

Band 6:

Dritte Welt

Gesellschaft – Kultur – Entwicklung
Herausgegeben von Dieter Nohlen und Peter Waldmann
(Erscheint voraussichtlich Herbst '86)

»Pipers Wörterbuch zur Politik verspricht ein unentbehrliches Nachschlagewerk zu werden.« Prof. Dr. Kurt Sontheimer

»Wenn die übrigen fünf Bände des Gesamtwörterbuches den Standard halten, den der erste Band gesetzt hat, dürfte das Gesamtwerk eine lohnende, kenntnisreiche und gut lesbare Enzyklopädie zur Politik abgeben.
Mit sachlicher Knappheit und Präzision, unterschiedliche Auffassungen und Lehrmeinungen gleichermaßen darstellend, bieten die drei- bis fünfseitigen Kapitel je Stichwort den Benutzern Informationen und Denkanstöße zugleich. Statistisches Material reichert die Informationen an, je Stichwort gibt eine Literatursammlung Hinweise für jene, die sich mit einem Thema intensiver befassen wollen. Von Agrarpolitik über Bankpolitik, politische Eliten bis zu Wohlfahrtsstaat und Wohnungspolitik reichen die Stichworte.«

Capital

PIPER